Comentarios de algunos líderes acerca del libro
Pasos al éxito financiero

"Barry Cameron cumple su doble llamado como profeta (predicador) y pastor en su nuevo libro titulado *Pasos al éxito financiero*. Él sabe cómo afligir a los que respecto de las finanzas viven cómodamente y cómo consolar a los afligidos. ¡En verdad que sí, necesitamos aprender en cuanto a este tema! Algunos necesitamos que alguien nos confronte nuestro egoísmo y materialismo. Otros necesitamos esperanza y una estrategia para recuperarnos. Este libro presenta ambos componentes. Y, claro, la buena enseñanza bíblica del tema resulta especialmente iluminador y energizante".

"Tanto en la sociedad secular como en la comunidad cristiana existe mucho de este material pero casi todo es obviamente egocéntrico. Finalmente, resulta refrescante leer algo completamente bíblico, práctico y de gran ayuda. Aquello que Larry Burkett provee desde la perspectiva de un planeador financiero cristiano, Barry Cameron contribuye desde el ventajoso punto de vista de un pastor de una iglesia enorme. La teología es sólida. El tono es de urgencia. La apelación es popular. El lenguaje es contemporáneo. Las ilustraciones son nuevas. El libro no tan sólo es fácil de leer, sino que cautiva al lector. Si usted tiene cosas por hacer, no lo empiece a leer. Muy pronto usted quedará atrapado por su impacto sermonario. No querrá usted dejar de leerlo. Es un libro que debiera ser una lectura de rigor para cada cristiano que quiere practicar una mayordomía responsable de su vida".

Dr. Ken Idleman, rector (1979-2006)
Ozark Christian College, Joplin, Missouri, USA

"Barry L. Cameron es un hombre respetado, extraordinario edificador y predicador de la iglesia. Este libro es un testimonio de su don como escritor. Barry es un vaquero que ha vivido y trabajado en el campo del cual habla. Su libro está escrito en forma sencilla y entendible. Barry nos provee de un cuadro claro y transparente en cuanto a sus propias luchas y da una explicación contundente de lo que Dios señala en cuanto al dinero y cómo debemos usarlo. Estoy seguro de que Barry va a dar un tremendo golpe a la industria de las tarjetas de crédito. Sin embargo, creo que él será hermosamente recordado como escritor libre y sin restricciones, quien nos anima a ser honestos con Dios y con nosotros mismos. Cuando esto suceda, si es que sucede, alegremente podremos afirmar: 'Libre al fin,

completamente libre; alabado sea Dios, finalmente soy libre'".
Wayne B. Smith, Pastor fundador
Iglesia Cristiana Southland, Lexington, Kentucky, USA

"De vez en cuando nos encontramos, conocemos, escuchamos o leemos algo tan radicalmente fuera de serie que no podemos evitarlo y nos detenemos a mirar de qué se trata. Escuchamos, aprendemos y quedamos impactados. Así es como yo describiría este libro y a Barry Cameron. Ambos tienen mucho que decir y lo retarán y lo bendecirán".
Cal Jernigan, Pastor principal
Iglesia Cristiana Central, Mesa, Arizona, USA

"Usted no puede gastar, pedir prestada, apostar, hacer trampa o robar su salida hacia su libertad financiera. La deuda equivale a una esclavitud financiera. El libro de Barry Cameron, *Pasos al éxito financiero*, le ayudará a que usted tome sabias decisiones aplicando los principios divinos en cuanto a su actitud respecto del dinero".
Bob Russell, Pastor principal
Iglesia Cristiana Southeast, Louisville, Kentucky, USA

"El libro de Barry Cameron, *Pasos al éxito financiero*, lo pondrá a usted en el camino correcto donde entenderá la mayordomía desde el punto de vista bíblico. En nuestros tiempos, cuando a muchos los agobian las deudas y están abrumados por la incertidumbre de si algún día se librarán de ellas, este libro debe ser leído. La habilidad de Barry para expresar principios claros y precisos es un don de Dios. A través de su perspicacia y entendimiento de la palabra de Dios, usted se motivará en poner en práctica estos pasos con rumbo a la libertad financiera. Fracasar en el entendimiento de este libro equivale a perderse de todas las bendiciones que Dios tiene para aquellos que verdaderamente honran a Dios con sus bienes y riqueza".
Dudley C. Rutherford, Pastor
Iglesia Pastor de las Colinas, Porter Ranch, California, USA

"Para muchos, las deudas han llegado a ser un amo que le quita a las personas su fuerza mental, física, emocional y espiritual. Estar libre de deudas equivale a gozar de una libertad incondicional. Como resultado de esta libertad, el ser humano puede tener una salud mental, física, emocional y espiritual excelente. Barry Cameron ha escrito el manual de libertad, el cual guía a las iglesias y a los individuos a una verdadera salud financiera, con todos sus beneficios. *Pasos al éxito financiero* es una guía poderosa, práctica y bíblica para todo cristiano que desea conocer el poder liberador

bendecir a Dios y los demás de manera sorprendente".
Larry Winger, Director general
Provision Ministry Group, Irvine, California, USA

que llega con una vida libre de deudas".

Dr. Ron Carlson, Presidente
Ministerios Cristianos Internacionales, Eden Prairie, Minnesota, USA

"Barry Cameron, en su libro *Pasos al éxito financiero*, define unas verdades profundas concernientes a la responsabilidad personal en cuanto a la administración financiera. Estas verdades son bíblicas, prácticas y alcanzables. Es un libro que yo recomiendo a los individuos, familias e iglesias que contemplan todo en la vida como una relación de mayordomía con Dios. Mi esposa y yo hemos puesto en práctica muchos de los principios definidos por Barry y hemos probado a nuestra propia satisfacción que realmente funcionan. Los cristianos son llamados a ser mayordomos de la creación de Dios. *El ABC del éxito financiero* puede resultar una guía invaluable a aquellos que desean cumplir con este llamado".

Dr. Marshall J. Leggett, Rector
Colegio Milligan, Milligan Tennessee, USA

"Las luchas financieras impiden el éxito potencial de la mayoría de los cristianos y de las iglesias donde ministran. Las respuestas en cuanto a la libertad y la madurez que siguen son espirituales. Barry Cameron las afronta de manera directa teniendo un registro con logros tan sorprendentes que exige ser escuchado. Cada dirigente en la iglesia haría bien en leer sus escritos. De manera personal y en mi profesión he puesto en práctica mucho de lo que él defiende en su libro. ¡Sí funciona!"

"¡Su acercamiento es directo! ¡Sin recelos! ¡Duro! ¡Directo al corazón! Hará que usted se disguste consigo mismo porque usted bien sabe que él tiene razón y usted tuvo el mismo pensamiento o idea que él, pero no tuvo el valor de elevar anclas y navegar. Este no es un libro que usted pueda leer sentado en su mecedora tomando alguna bebida. No lo alabará o halagará. Es algo que usted busca cuando todas sus artimañas y atajos a la victoria han fallado y cuando usted finalmente está dispuesto a regresar a lo básico".

Gary York, Pastor Principal
Iglesia Cristiana Eastview, Bloomington, Illinois, USA

"Usted tiene en sus manos un manual para la libertad financiera, escrito por alguien que ha retado el *status quo* y ha conquistado la pista de obstáculos de las deudas. Si usted está seguro que Dios quiere levantar un ejército permanente de diezmadores libre de deudas, que ya no sean esclavos del dinero y que sean una bendición a la iglesia, entonces Barry Cameron es el sargento de tácticas. Este libro es un campo de entrenamiento espiritual para cualquiera que esté cansado de usar su vida futura para pagar por su pasado y ninguna iglesia que enseñe estos principios fallará en

Pasos al éxito financiero

Pasos al éxito financiero

BARRY L. CAMERON

HEARTSPRING PUBLISHING · JOPLIN, MISSOURI

Pasos al éxito financiero

Publicado originalmente por College Press Publishing Company bajo el título *The ABC's of Financial Success*, 2001.

Publicado por HeartSpring Publishing
www.heartspringpublishing.com
Una división de College Press Publishing Co.
En cooperación con Literature And Teaching Ministries,
Joplin, MO, www.latm.info.

© 2007 Todos los derechos reservados.

Toda cita de las Escrituras sin versión anotada fue tomada de la Nueva Versión Internacional de la Biblia.
© 1999 Sociedad Bíblica Internacional.

Traductor al español: José José Aparicio
Revisor al español: Benigno José Aparicio

ISBN: 978-0-89900-956-8

Dedicatoria

A Janis, Katie, Matt y Kelli
por compartir la visión y hacer los sacrificios
necesarios que nos llevaron a estar libres de deudas.

A la familia cristiana de la iglesia Crossroads,
la iglesia más generosa de los Estados Unidos de
Norteamérica.

Reconocimientos

Le doy especial gracias a nuestra hermosa familia en la fe, la iglesia cristiana de Crossroads, por poner en práctica estos principios y contemplar la diferencia que ya hemos experimentado en nuestras vidas y ministerio.

A Mel Dietz, nuestro administrador, quien es un genio en todo lo referente a la administración de la iglesia.

A Tom Pryor, quien constantemente me ha animado a escribir.

A Shawn Bowman, quien adecuó el libro para su impresión.

A Vicki Dietz, mi asistente administrativa, quien por veinte años me ha hecho verme mejor de lo que realmente soy.

Contenido

Prefacio 13

Introducción 19

Paso 1: Actitud 23

Paso 2: Esclavitud 47

Paso 3: Elección 71

Paso 4: Decisión 93

Paso 5: Ánimo 113

Paso 6: Fondos 123

Notas finales 135

Apéndice A: Presupuestos de muestra 137

Apéndice B: Artículos breves .147

Prefacio

De todos los libros que he leído, si considero un libro único en su género y de impacto inmediato, no puedo recordar uno que me hubiera causado tanta impresión como éste. Para ponerlo en perspectiva, necesito contarle algunos detalles.

Como Presidente de la Corporación Fondo de Desarrollo Eclesiástico, yo tengo la oportunidad de trabajar con las iglesias cristianas en todo el país de los Estados Unidos. Habiendo pasado casi toda mi vida profesional en empresas lucrativas, mi cambio a una organización sin fines de lucro fue un cambio totalmente radical. Dios me condujo a través de muchos retos profesionales por un período de veinte años en preparación para la gran oportunidad de trabajar con Fondo de Desarrollo Eclesiástico. En este puesto ayudo a las iglesias con sus retos financieros, y construcciones nuevas para facilitar el crecimiento del reino.

En el otoño del año 2000 tuve mi primer contacto con la iglesia cristiana de Crossroads ubicada actualmente en la metrópoli de Dallas-Fort Worth, Texas (aunque en ese entonces estaba ubicada en la ciudad de Arlington, Texas). Bajo el liderazgo de Barry Cameron, la iglesia experimentó un crecimiento rápido de miembros. No es algo tan fuera de lo

Pasos al éxito financiero

común para una iglesia ubicada en una área próspera con nuevas casas siendo construidas por todas partes, un pastor principal dinámico y ancianos con una forma de pensar emprendedora.

Cada domingo, el local de reunión recibía alrededor de 1.600 congregantes, estaba a punto de reventar en cuanto a su capacidad y recientemente había comprado una propiedad aproximada de 59 hectáreas de terreno. Mi experiencia me dijo que siendo que estaban alcanzando a nuevos conversos para Cristo, los cuales no estaban aportando nada a la iglesia, era muy probable que esta congregación estuviera muy por abajo del promedio de aportación per cápita a nivel nacional cada domingo. Pensé que tuvieran poco dinero en efectivo, que tuvieran poco personal y que cada semana batallaran para pagar sus gastos debido a crecimiento rápido.

Pero había algo único y singular en esta iglesia y sus líderes. Cuando los conocí estuve frente a un grupo de hombres seguros y capaces. Su pastor principal amaba a su rebaño y se dedicaba a cada miembro en particular. Después de tener nuestra junta y recorrer las instalaciones, regresé a mi hotel diciendo ¡caramba, esta es una iglesia ardiendo por la palabra de Dios!

A la mañana siguiente regresé con ellos para analizar su situación financiera y encontrar la manera propicia para que ellos prosiguieran con la construcción de sus nuevas instalaciones. Cuando me senté a conversar con Mel Dietz, el administrador de la iglesia cristiana de Crossroads, me sorprendió mucho mi hallazgo. Me enteré que cada miembro daba un porcentaje mayor en una cifra del 2,5 al promedio nacional. Contaban con una cantidad de dinero en efectivo de 750.000 dólares. Con facilidad pagaban todos sus obligaciones semanales. Tenían el personal adecuado. Y estaban contratando a más gente.

Al concluir mis reuniones y me disponía a regresar al sur de California, Barry me entregó unas cintas grabadas de sus sermones predicados en enero del año 2000, tituladas *Pasos al éxito financiero*. Le agradecí por este regalo y me dirigí al

Prefacio

aeropuerto. En pleno vuelo, nuevamente revisé las cifras que yo había encontrado en la iglesia y quedé impresionado del éxito financiero de esta congregación.

Cuando aterricé en el aeropuerto John Wayne e iba manejando a casa, escuché la primera cinta titulada "Actitud". Quedé intrigado. A la mañana siguiente, de camino a nuestra oficina, escuché la segunda cinta: "Esclavitud". En día y medio escuché las cuatro cintas. Barry retó a su congregación y a sus líderes en estos sermones. Los principios fueron puestos en acción y se alcanzaron en poco tiempo. Dios obró de la siguiente manera en esta serie de sermones:

1. Retó a cada miembro a salir de la esclavitud (deuda).
2. Retó al liderazgo de la iglesia para que procuraran cubrir toda deuda de la iglesia en un período de dieciocho meses.
3. Retó al liderazgo de la iglesia para que en un período de dos años tuvieran fondos para misiones y para becas en un total de 1.000.000 dólares.

Por sí solos, estos retos eran bastante exigentes, agresivos y atrevidos. Al revisar yo los estados financieros de la iglesia, me percaté que habían tenido los siguientes logros:

1. ¡Habían cubierto su deuda en menos de seis meses y sus instalaciones actuales estaban libres de cualquier deuda!
2. ¡Los fondos especiales habían alcanzado un total de 750.000 dólares en menos de diez meses!

¿Por qué y cómo sucedió esto? Yo estoy convencido que Dios bendijo esta iglesia porque sus miembros cumplieron con *Pasos al éxito financiero*. Estudiaron la palabra de Dios respecto de cómo ser mejores mayordomos y el liderazgo de la iglesia modeló estos principios en sus vidas para ser ejemplos al rebaño. Verdaderamente que Dios es un Dios maravilloso y la iglesia de Crossroads ha sido bendecida por su actitud, su entendimiento de la esclavitud que las deudas causan, sus opciones que tenían y su decisión de poner primero a Dios en sus vidas financieras.

Pasos al éxito financiero

Yo me fijé como un reto personal seguir las enseñanzas del libro. Como anciano de la iglesia cristiana Misión Viejo también yo reté a la iglesia a seguir los pasos del libro y animé a todos a que escucharan las cintas.

Desde la publicación de este libro en el año 2001, ha llegado a las manos de miles de individuos, parejas, jóvenes, grupos pequeños, estudios bíblicos y congregaciones enteras. Barry Cameron ha tocado multitudes a través de estos pasos y muchos más serán alcanzados en el futuro.

Dios también ha bendecido a la Iglesia Cristiana Crossroads. En el verano del año 2004 la iglesia se mudó a sus nuevas instalaciones, que es la mejor que yo he visto (pues he visitado muchas construcciones muy lujosas). Todas las instalaciones y jardines ocupan una superficie de alrededor de 50.000 metros cuadrados en una propiedad de aproximadamente 59 hectáreas, al lado de una vía principal. La gente está entusiasmada y el crecimiento ha sido fenomenal, la asistencia ha aumentado desde la mudanza en casi 1.000 personas en las reuniones dominicales. Yo tuve el privilegio de ser el predicador en su gran inauguración y el espíritu de la iglesia impacta a todos. Financieramente, es una de las iglesias más fuertes en los Estados Unidos de Norteamérica. Firmemente creo que lo han logrado porque han seguido los principios de Dios que se encuentran en *Pasos al éxito financiero*.

Barry se ha comprometido a ayudar a otras iglesias para que también tengan un éxito financiero. A través de su participación con el Fondo de Desarrollo Eclesiástico se han llevado a cabo muchos fines de semana de enseñanza de los pasos en muchas congregaciones por todo el país con el firme propósito de transmitir estos conocimientos tan valiosos. Estas iglesias han visto incrementado sus ofrendas semanales de manera significativa y miles de personas han escapado de la esclavitud financiera y van rumbo al éxito financiero.

Cuando hacemos una inversión financiera buscamos que nuestra inversión se recupere. Este libro le generará a usted una ganancia mayor que cualquier otro consejero de inversiones le pueda garantizar. Es un libro con un mensaje nítido y claro para

Prefacio

todo lector. Usted querrá compartirlo con un amigo. Si usted es pastor, todos los dirigentes y la congregación deben leerlo. ¡Disfrute de este libro, aprecie su contenido y vea lo que Dios va a hacer en su vida futura!

Douglas J. Crozier
Presidente del Fondo de Desarrollo Eclesiástico
Irvine, CA, USA

Introducción

Llegando usted al estacionamiento del edificio de algunas iglesias en los Estados Unidos de Norteamérica, usted creería que los cristianos se encuentran entre las personas de este planeta que mejor administran el dinero. Usted encontrará automóviles Lincoln Continental, BMW, algunos Corvette, muchas camionetas Dodge Ram, camionetas Ford, algunos Cadillac, uno que otro Jaguar y muchos automóviles de otras marcas y modelos.

Sin embargo, una vez que usted entra y se entera del promedio que los congregantes ofrendan, inmediatamente descubre que algo anda mal.

Por ejemplo, nuestras instalaciones cuentan con un estacionamiento para 1.800 automóviles y tenemos dos cultos los domingos. A manera de ilustración y poniéndome en un plano conservador, digamos que llenamos esos lugares dos veces los domingos por la mañana. Digamos que esos 3.600 coches de diferentes marcas solamente valen 10.000 dólares cada uno. (Estoy seguro que mis cálculos son muy por debajo del precio promedio.) La cantidad total resulta ser de la gran suma de 36 millones de dólares en metal, fibra de vidrio, piel, tela, hule espuma, plástico, vidrio y otras partículas que entran a nuestro estacionamiento cada domingo por la mañana.

Pasos al éxito financiero

Llevemos esto un paso más adelante. Digamos que esos 3.600 automóviles representan a 1.800 hogares. Luego, digamos que esas casas solamente valen 50.000 dólares cada una. (Otra vez mis cálculos están del lado bajo). La cantidad sería la increíble suma de 90 millones de dólares.

Escalemos un peldaño más. Digamos que esos 1.800 hogares perciben un ingreso anual de 40.000 dólares. (De nuevo presento una estimación conservadora para el área de Dallas-Fort Worth, Texas). Eso significa que el ingreso anual de todos los miembros de la iglesia ronda alrededor de los 72 millones de dólares.

Siga conmigo. Eso significa que cada domingo todos los congregantes juntos representan la totalidad de 198 millones de dólares. (Recuerde, estoy siendo conservador al respecto.) El diezmo de esa cantidad sería 19.8 millones de dólares, que equivaldría a una ofrenda de 380.769,23 dólares.

Nuestro promedio semanal de ofrendas (que está muy por encima del promedio de las iglesias de nuestro tamaño en los Estados Unidos de Norteamérica) anda por alrededor de 100.000 dólares. ¿Tiene usted una calculadora a la mano?

Varios puntos resultan muy obvios: *Primero*, no estamos alcanzando nuestro potencial cuando de mayordomía financiera se trata. *Segundo*, necesitamos enseñar mejor lo referente al dinero y los asuntos financieros. *Tercero*, nuestra gente debe estar metida en deudas serias. Y, *cuarto*, no somos tan buenos como pensamos en cuanto a la administración de nuestro dinero y recursos. Este libro enfoca como cambiar eso.

Mi oración es que la compra de este libro sea una de las mejores inversiones que usted haga, que le genere ganancias por el resto de su vida.

Barry L. Cameron, Pastor Principal
Iglesia Cristiana de Crossroads

Introducción

. . . del archivo: Salga de las deudas
(Ideas simples que lo animarán a salir de sus deudas)

¿Se ha detenido a pensar lo que sería estar completamente **LIBRE DE DEUDAS**? Mucha gente pasa toda su vida pensando y creyendo que esto sería imposible. No pueden concebir que algún día podrían lograr la meta de estar libres de deudas. Pero, ¿qué si fuera posible? (Y lo es. Estar libre de deudas está al alcance de *todos* los que *quieren* alcanzar esa meta).

¿Qué si fuera posible que *usted* quede total y completamente **LIBRE DE DEUDAS**? ¡Piénselo! ¿Se imagina lo que podría hacer?

Salomón escribió en Proverbios: "Donde no hay visión, el pueblo se extravía" (**29:18**). También dijo: "Porque cual es su pensamiento en su corazón, tal es él" (**23:7** Versión Reina-Valera). Así que si tener una visión y el pensamiento correcto es tan importante, tal vez usted y yo debamos centrar nuestra visión en Cristo y debamos deshacernos de la nuestra y empezar a pensar en lo que haremos una vez libres de cualquier deuda.

A continuación usted encontrará algunas sugerencias de arranque:

1. Usted estaría libre para darle a Dios y a la iglesia como siempre lo ha deseado.
2. Usted podría hacer lo que querría con su dinero. (¡Imagínese tener más dinero que cobros por pagar!)
3. Usted no tendría más deudas excepto la de seguir amando a los demás.
4. Usted podría ahorrar dinero y ganar intereses en vez de estarlos pagando.

5. Usted podría ayudar a su núcleo familiar y sus otros familiares.
6. Usted por fin podría disfrutar de esas tan soñadas vacaciones.
7. Usted hasta podría arreglar los desperfectos de su casa que tanto lo necesitan o comprarse una nueva.
8. Usted podría comprarse más muebles o un coche nuevo.
9. Usted podría halagar a la gente con actos de generosidad y bondad.
10. Usted podría lograr cualquier cosa que se imagine.

Planes de acción

Hemos llegado al punto en cuestión. Si no *pensamos* que podemos estar libres de deudas, jamás lo lograremos. Además, si lo único que hacemos es pensar y soñar, sin empezar a HACER ALGO, no sucederá.

Así que, tome consejo del archivo de salga de sus deudas: (1) siéntese y haga una lista de las cosas que *quiere* hacer una vez que esté libre de deudas. Entonces, (2) haga una lista de todo lo que *necesita* hacer para salir de deudas. Una vez hecho esto, empiece a trabajar con la lista número 2 (la lista de cosas que necesita hacer). Y, cada semana y mes, cuando ya pueda tachar algo de la lista de las cosas por hacer, usted está un paso más cerca de poder tachar algo de la lista número 1 . . . y lograr que sus sueños se hagan realidad.

A Paso 1
ctitud

"El descubrimiento más grande de mi generación es que un ser humano puede alterar su vida por el simple hecho de cambiar su actitud".

—William James

El "Santa Claus" anónimo

Usted no conoce su nombre, nadie lo sabe, y así es como él lo desea. Pero usted jamás olvidará lo que estoy a punto de contarle. Lo llamaban el "Santa Claus" anónimo y en la semana previa a la navidad en 1999 él repartió 85.000 dólares en billetes de 100 dólares por las calles de Kansas City a gente desconocida.

Esta historia realmente empieza en 1971, en Houston, Mississippi, un capital de condado sin importancia. El hombre que se convertiría en el "Santa Claus" anónimo era en aquel

Pasos al éxito financiero

entonces un vendedor joven. Su patrón le enviaba su salario semanal mediante un cheque y con el le pagaba el alquiler de una pequeña oficina y el cuarto de un motel. Un buen día, el patrón quebró y no le avisó a su vendedor. Cuando el vendedor fue echado del motel por no pagar, tuvo que dormir ocho noches en su coche. Él siguió esperando su cheque que jamás le llegó. Sin dinero y sin gasolina, acudió a una iglesia local para pedir ayuda. Pero el día que se presentó ante la iglesia, la persona encargada de la ayuda para los pobres no estuvo allí. A la mañana siguiente entró en un café pequeño de nombre "Dixie Diner", ubicado a la vuelta de la farmacia Walgreens en Houston, Mississippi. Sin haber probado alimento por dos días seguidos, pidió un suculento desayuno y lentamente disfrutaba del café, taza tras taza, preguntándose cómo escaparía sin pagar. Finalmente, fingió haber perdido su cartera. El dueño, quien también era el cocinero, mesero y cajero, levantó la puerta del mostrador y se acercó por atrás del asiento donde el vendedor se encontraba, se agachó y fingió recoger algo del piso. Le dijo al vendedor: "usted debió haber dejado caer esto", entregándole un billete de a 20 dólares. El corazón del vendedor palpitaba fuertemente al tiempo que pagaba su desayuno, dejó una propina, salió corriendo y empujó su coche hasta la gasolinera, antes de huir. Al tiempo que se alejaba del pueblo, pensó en qué tan afortunado era. De pronto, se le ocurrió que nadie había dejado caer el dinero. El dueño sabía que el vendedor estaba en dificultades y le ayudó de tal forma que protegió su dignidad. Luego el vendedor se dijo a sí mismo: "Si en algún momento llego a estar en una posición donde yo pueda ayudar a la gente, así lo haré".

En ese mismo año el joven vendedor abordó un autobús Greyhound con destino a Kansas City donde encontró un empleo como vendedor y siguió recibiendo cheque tras cheque. Hoy día él es un negociante prominente en el condado Jackson quien con frecuencia regala 50.000 ó más dólares en sus campañas de navidad, lo cual ha estado haciendo ya por más de veinte años. El año pasado, el "Santa Claus" anónimo fue en busca del dueño del café "Dixie Diner", el Sr. Ted Horn. Le contó al Sr. Horn que él estaba investigando acerca del "Santa

Paso 1: Actitud

Claus" anónimo y que quería conocerlo. Cuando se encontraron, el Sr. Horn afirmó que también él quería conocer al "Santa Claus" anónimo porque lo recordaba y recordaba los 20 dólares. "Fue en mi café donde sucedió", dijo. A lo cual "Santa Claus" anónimo replicó: "Lo sé Sr. Horn, yo era ese vendedor joven".

"A propósito, ¿tiene usted alguna idea de cuánto vale hoy día ese billete de 20 dólares? ¿Sabe usted cómo obtener el valor neto actual? Yo le pedí a alguien que me lo sacara". Antes de que el "Santa Claus" anónimo le dijera al Sr. Horn la respuesta, que era como 120 dólares, Horn respondió con algo que encajaba perfectamente en los planes del "Santa Claus" anónimo. Dijo: "Bueno, en aquel entonces ese billete de 20 dólares fue para mí lo que ahora para usted es como 10.000". "Es raro que usted diga eso" contestó "Santa Claus" anónimo, al tiempo que sacaba un sobre lleno de billetes de a 100 dólares, sellado con una banda de papel con la leyenda 10.000. En voz baja, el Sr. Horn dijo: "usted no tiene que hacer esto". A lo cual "Santa Claus" anónimo dijo: "Pero yo lo quiero hacer. Jamás sabrá usted lo que un acto de generosidad puede lograr en los demás. Puede cambiar totalmente sus vidas. Usted en verdad cambió la mía".[1]

Usted tiene ahora en sus manos un libro que le puede cambiar la vida: *Pasos al éxito financiero*. Aparte de la Biblia, éste puede ser el segundo libro en importancia que usted leerá porque contiene principios que usted va a aprender. De hecho, es posible que usted vea en retrospectiva que esta enseñanza es una de las mejores novedades que ha encontrado. Creo que algunos hasta retrocederán y dirán: "¿Sabes qué? Para mí esa enseñanza valió más que oro". Esa persona pudiera ser usted.

Así que empecemos.

Interés no tan interesante

La persona promedio realmente no cree tener un problema cuando se trata de las finanzas. Mientras pueda cumplir con sus pagos mensuales, mientras tenga en su bolsillo algo de dinero ocioso con el que pueda divertirse cada semana, mientras pueda saciar y satisfacer aquellas indulgencias ocasionales, erróneamente piensa que las cosas marchan bien. Desgraciadamente, esta persona es igual al drogadicto, alcohólico, apostador o la persona adicta a la pornografía, quien señala: "No tengo ningún problema". Pero la verdad es que el norteamericano promedio enfrenta un problema sumamente grave cuando se trata del dinero, incluyendo a los cristianos. Están tremendamente endeudados, son administradores miserables de su dinero y son increíblemente glotones cuando se trata de comprar a crédito. ¿Puedo compartir con usted un principio muy simple? Si usted paga intereses, sin importar qué tan altos o bajos sean mensualmente; si usted paga interés por algo, ¿está listo para escuchar lo siguiente? **¡Usted está perdiendo dinero!**

De hecho, cuando usted vea la palabra "interés", visualice dos palabras grandotas, tan gigantes que las ve escritas en el cielo: **"Alguien más"**. Estas palabras realmente le ayudarán a entender el principio. ¿Por qué? Porque eso es precisamente lo que pasa cuando usted paga interés. "**Alguien más**" se está enriqueciendo con SU dinero. Sin embargo, mucha gente dice: "Bueno, usted sabe, logramos obtener una muy buena tasa de interés". O, "tengo tanta suerte porque mi pago mensual es lo mismo para este coche que del anterior".

El experto cristiano en finanzas, Larry Burkett, afirma: "Los cristianos se están gastando casi el 10% de sus ingresos anuales en pagos de interés y lo que estamos retornándole a Dios es únicamente el 2%".[2] Esta es la realidad. El cristiano promedio norteamericano está sumido hasta el cuello en deudas y camina en rebeldía contra Dios. Definitivamente tenemos un problema serio. Además, usted debe ser tremendamente atrevido y debe armarse de mucho valor para

Paso 1: Actitud

enfrentar a alguien y decirle que tiene problemas financieros. ¿Por qué? Porque todos somos quisquillosos cuando se trata de nuestros asuntos personales. Cuando está en tela de juicio mi dinero y mis finanzas, es asunto privado que a usted no le incumbe. ¿No se siente así usted? Así que si alguien siquiera sugiere que podemos tener problemas financieros, inmediatamente nos ponemos a la defensiva y lo negamos porque ninguno de nosotros quiere admitir tener un problema.

Harry Truman contra el volcán

¿Recuerda usted a Harry Truman? No me refiero al que fue Presidente. Más bien me refiero al hombre que vivía junto al monte Santa Elena en Washington. ¿Lo recuerda usted ahora? Jamás olvidaré a tal hombre. Tenía 23 gatos. (¿Le ayuda este dato para recordarlo?) Bueno, en el año 1980 él estaba en el monte Santa Elena. Algunos reporteros de televisión lo entrevistaban mientras el monte temblaba a sus espaldas. Él se quedó sentado allí con sus 23 gatos mientras que los sismólogos afirmaban: "Esta montaña va a estallar". Los vulcanólogos decían: "Esta montaña va a estallar". Harry Truman afirmó: "Yo no le creo a ninguno de sus expertos. Yo he vivido aquí toda mi vida. Conozco esta montaña mejor que nadie. No me voy a ninguna otra parte". No se pudo negociar con él.

Hasta recuerdo a su hermana que salió por la televisión a nivel nacional (tal vez usted la recuerde también). Le rogó y suplicó a su hermano: "Por favor, sal de la montaña. Va a estallar". Harry insistió: "No va a suceder. He vivido aquí toda mi vida. No tengo ningún problema".

El dieciocho de mayo del año 1980, a las 8:31 de la mañana, la montaña estalló. Lo hizo con una fuerza 500 veces superior al poder de la bomba que fue arrojada sobre Hiroshima. Ochocientos treinta y tres metros (2.500 pies) de la cima de la montaña volaron. Oscureció el cielo desde Nueva York hasta Seattle, alcanzando por el lado sur hasta Oklahoma.

Nadie ha encontrado ningún rastro de Harry o de sus 23 gatos.

Declarando la independencia financiera

Espero que nadie que esté leyendo este libro es como Harry Truman. Supongo que usted quiere obtener la sabiduría de Dios, la guía de Dios y la provisión para su vida. Supongo que usted quiere quedar libre de deudas para siempre, tan increíble como esto suene, quedar libre del ave de mal agüero de las cargas financieras, los cobros y la esclavitud.

En pocos capítulos seré intensamente práctico. Le contaré cosas que no creerá haber escuchado. Literalmente, le voy a abrir mi hogar. Le voy a contar cómo manejamos nuestras finanzas, como elaboramos nuestro presupuesto y lo voy a guiar por los errores que hemos cometido.

Usted se va a animar con nuestra historia personal de nuestras finanzas, que dirá: "Gracias Dios porque hay esperanza para todos nosotros". Compartiré con usted las luchas y éxitos en la iglesia. Cómo nos movimos de ser una iglesia pequeña, endeudada y luchando por siquiera tener el pago para los cobros mensuales, a una congregación de miles y dando millones cada año.

Entonces siga leyendo.

Le voy a decir quien está detrás de sus problemas financieros, y cuando caiga en cuenta que no es usted, se va a sorprender. Llamará su atención. Le voy a decir como cada uno de nosotros se puede librar total y completamente de las deudas. Es posible para cualquiera que lee este libro. De hecho, no importando el monto de su deuda actual, estoy en acuerdo con Larry Burkett, quien dice que en siete años cualquiera puede estar libre de deudas.[3] Cualquiera. Esto lo incluye a usted y a la iglesia donde usted se congrega.

Nuestra familia declaró nuestra independencia financiera en el año 1999. Decidimos que estábamos enfermos de las deudas y desarrollamos una estrategia para librarnos de ellas en dos años. Y ¿adivine qué sucedió? ¡Sí funciona!

Yo estaba en el cuarto de oración de las instalaciones que

Paso 1: Actitud

ocupa la iglesia un domingo por la mañana, soportando toda la presión impuesta sobre el pastor. El encargado del ministerio de oración rogaba a Dios que el pastor quedara libre de sus deudas. Esta persona sabía que yo ya me había comprometido a hacerlo. Mi esposa y yo nos comprometimos a quedar totalmente libres de deudas en dos años. Alguien dirá: "Usted debió de haber tenido una deuda muy pequeña". No, nuestra deuda era muy grande. Pero hicimos el compromiso ante Dios, alteramos nuestro estilo de vida y cambiamos la manera de hacer las cosas. Encajonamos a toda nuestra familia dentro de un presupuesto. Yo cuento con un presupuesto; mi esposa cuenta con un presupuesto; nuestros hijos cuentan con un presupuesto. De hecho, lo que más se ha mencionado en nuestra casa este último año ha sido: "Bueno, eso no está en mi presupuesto".

Salimos a cenar en el primer día del año y mi esposa dijo: "¿Quién va a pagar esta cena?" ¿Saldrá de tu presupuesto o del mío? Salió del mío. (Siendo honestos, no valió la pena.) Una noche pedimos pizza, y yo dije: "¿De quién es el presupuesto que cubrirá esto?" Mi esposa contestó: "yo pagaré".

Todos podemos salir de las deudas si realmente queremos. Pero debemos ansiar hacerlo. Yo le quiero ayudar a "desearlo". Por ello escribí este libro. No quiero lastimarlo, sino ayudarlo. Pero si no empezamos con el paso número uno, nada de lo que se diga después va a funcionar. Necesitamos empezar con *su actitud* frente al dinero.

Pasos al éxito financiero

Su actitud frente al dinero

Considere las palabras de David en 1 Crónicas 29:10-14. La Biblia señala:

Entonces David bendijo así al SEÑOR en presencia de toda la asamblea:

«¡Bendito seas, SEÑOR,
 Dios de nuestro padre Israel,
 desde siempre y para siempre!
Tuyos son, SEÑOR, la grandeza y el poder,
 la gloria, la victoria y la majestad.
 Tuyo es todo cuanto hay en el cielo y en la
  tierra.
Tuyo también es el reino,
 y tú estás por encima de todo.
De ti proceden la riqueza y el honor;
 tú lo gobiernas todo.
En tus manos están la fuerza y el poder,
 y eres tú quien engrandece y fortalece a todos.
Por eso, Dios nuestro, te damos gracias,
 y a tu glorioso nombre tributamos alabanzas.

»Pero, ¿quién soy yo, y quién es mi pueblo, para que podamos darte estas ofrendas voluntarias? En verdad, tú eres el dueño de todo, y lo que te hemos dado, de ti lo hemos recibido.

David reconoció la soberanía de Dios por encima de todo lo que él tenía. Si usted y yo queremos tener éxito financiero en nuestra vida, nuestra familia, nuestro negocio y en la iglesia, entonces también nosotros vamos a tener que hacer lo mismo. Tenemos que cambiar nuestra actitud frente al dinero.

Mentiras que parecen verdades

Voy a compartir con usted varias mentiras que suenan como si fueran verdad. Cuando usted las lea, dirá: "Sabe usted que suenan como la verdad", pero no lo son.

Mentira #1: La iglesia se la pasa hablando de dinero todo el tiempo.

Recuerde, nunca jamás permita dejarse engañar. Es una mentira. En la congregación no se habla lo *suficiente* del dinero y su administración. En consecuencia, los cristianos son parte de aquellos en el mundo que peor administran el dinero, a pesar de que debieran ser los mejores.

Yo tengo una buena cantidad de amigos que son banqueros. Ellos me dicen que comúnmente el peor riesgo para un banco es prestarle dinero a una congregación cristiana. Es por ello que casi no les prestan dinero a las iglesias. No lo quieren hacer porque la iglesia se distingue por no pagar sus préstamos que pidieron y casi todo termina siendo un problema legal que se tiene que arreglar en un tribunal. Ninguna institución financiera de renombre quiere verse afectada por este tipo de resoluciones, que terminan en una pesadilla pública con un juicio hipotecario contra la congregación.

Como si eso no fuera lo suficientemente malo, ¿sabe usted quién es el riesgo número dos para los bancos, después de la iglesia? Trágicamente, es el pastor de la congregación. Se ha comprobado en muchos casos que es él el peor administrador financiero que existe sobre la tierra. Yo siempre me pongo nervioso cuando estoy rodeado de pastores que quieren saber si para ellos hay algún descuento especial. (Yo jamás he pedido un descuento en mi vida.) Yo siempre he dicho: "Páguenme un salario y yo haré como cualquier otra persona. No necesito descuentos". Cuando alguien me ofrece un descuento, siempre contesto: "No gracias. Cubriré el costo total, sin importar cual sea".

Los cristianos, especialmente los pastores, deben estar

Pasos al éxito financiero

guiando al mundo en cuanto a la administración del dinero, pero no lo estamos haciendo así. ¿Por qué? Yo creo que es por la mentira número uno; es decir, la congregación se la pasa hablando de dinero todo el tiempo, lo cual hace tropezar a más gente de la que nos damos cuenta. Veamos cómo funciona esto: El diablo lo convence a usted que lo que a la iglesia le interesa es el dinero que usted tiene. Así que cuando surge este asunto del dinero, usted se ofende y se pone a la defensiva. No importa si usted está participando en la escuela dominical, en una célula hogareña o si está con otros cristianos, tan pronto surge el tema del dinero, si el diablo ya lo convenció a usted que la congregación únicamente habla del dinero, usted ya está listo para mostrarse ofendido.

¿Por qué lo engaña Satanás? **Para que ni usted ni yo escuchemos la verdad de parte de Dios.** Si el diablo logra que usted se disguste o se encienda de ira, usted no prestará atención a lo que se diga y pasará por alto la verdad que lo puede libertar. (Algunos de ustedes ya están disgustados en este preciso momento. Sean honestos. ¿No está a disgusto con este tema? Nerviosamente se retuerce al tiempo que lee esto. Respire profundamente tres veces y tranquilícese.)

El diablo nos hace caer en una trampa para que no escuchemos lo que Dios nos quiere decir y dar a conocer. Y en tanto que no sepamos aquello que Dios quiere para nosotros, no podremos hacer lo que Dios quiere que hagamos. ¿Cuál será el resultado? El diablo nos mantendrá viviendo en esclavitud.

¿Qué debemos hacer para evitar esto? Necesitamos cambiar nuestra actitud ante la mismísima presencia del diablo. Necesitamos decir: "La congregación debe tratar más el asunto del dinero y debe ayudar a las personas como yo a solucionar nuestros problemas financieros para que salgamos de nuestras deudas".

Mentira #2: El dinero y las cosas me dan satisfacción.

Casi suena a verdad, ¿o no? Pero es una mentira. El dinero y los bienes no proveen una satisfacción real. Lo logran por un instante, pero esa satisfacción pronto se esfuma.

Paso 1: Actitud

Algunos de ustedes leerán todo este capítulo y al ir manejando hacia su trabajo mañana por la mañana seguirán creyendo esta mentira. Yo pudiera escribir cientos de capítulos en cuanto a esto, predicar cientos de sermones sobre esto y algunos de ustedes todavía saldrían a la entrada de su casa hoy por la noche o mañana temprano, y dirían: "Bueno, entiendo perfectamente a qué se refiere el pastor, pero si yo tuviera ese auto nuevo, estaría muy feliz". "Si yo tuviera esa mansión que está sobre el cerrito y con vista al lago, yo estaría feliz".

Ese es mi punto. Simplemente no lo creemos. Pero usted debe saber que, **¡es una mentira!** Todos los días estamos siendo bombardeados por anuncios provenientes de Hollywood y Nueva York con cosas que necesitamos comprar o que tenemos que tener siendo que nos darán satisfacción. ¿Es verdad eso? Eclesiastés 5:10, 11 afirma: "Quien ama el dinero, de dinero no se sacia. Quien ama las riquezas nunca tiene suficiente. ¡También esto es absurdo! Donde abundan los bienes, sobra quien se los gaste; ¿y qué saca de esto su dueño, aparte de contemplarlos?"

Tanto usted como yo necesitamos cambiar de actitud. El dinero y los bienes no pueden satisfacernos. Solamente Dios logra satisfacernos. Ni el coche nuevo, ni la casa nueva, ni el traje nuevo, ni el empleo nuevo o la promoción a un puesto nuevo nos traerán una satisfacción plena. Solamente Dios lo puede hacer.

Mentira #3: Es mi dinero y yo puedo hacer con él lo que yo quiera.

Cuando afirmo esto, especialmente si lo hago en voz alta, realmente suena como si fuera verdad. Pero es una mentira. La verdad es que todo el dinero es de Dios y tanto usted como yo somos simples administradores. El Salmo 24:1 señala: "Del SEÑOR es la tierra y todo cuanto hay en ella, el mundo y cuantos lo habitan".

Permítame compartir con usted una parábola que Jesús narró. Se encuentra en Lucas 12:16-20:

Entonces les contó esta parábola: -El terreno de un hombre rico le produjo una buena cosecha. Así que se puso a pensar: "¿Qué voy a hacer? No tengo dónde almacenar mi cosecha". Por fin dijo: "Ya sé lo que voy a hacer: derribaré mis graneros y construiré otros más grandes, donde pueda almacenar todo mi grano y mis bienes. Y diré: Alma mía, ya tienes bastantes cosas buenas guardadas para muchos años. Descansa, come, bebe y goza de la vida". Pero Dios le dijo: "¡Necio! Esta misma noche te van a reclamar la vida. ¿Y quién se quedará con lo que has acumulado?"

No lea en esta parábola lo que Satanás quiere para usted. El diablo quiere que usted concluya que cuando usted ya hubiere acumulado una cierta cantidad de bienes, Dios lo va a arrebatar al cielo. No es esto lo que aquí se menciona. Dios no está en contra de que usted tenga cosas. Lo que Jesús está señalando es que este hombre no tenía la mínima idea de lo que se trata la vida. Su pensar era que como ya tenía suficientes cosas podía relajarse y gozar de la vida, disfrutando de sus bienes por el resto de su vida.

La realidad es que, cuando morimos, nuestras pertenencias pasan a manos de alguien que ni siquiera se esforzó por obtenerlas. No lo quiero asustar, pero todo lo que ahora posee y todo el dinero que tiene en el banco, uno de estos días, le van a pertenecer a alguien más, y, en la mayoría de los casos, le pertenecerán a alguien que ni siquiera se lo merecía. Todo se va a quedar. Yo voy a dejar todo lo que afirmo tener. Job dijo: "Desnudo salí del vientre de mi madre, y desnudo he de partir". Todo se va a quedar porque en realidad nada es nuestro. Todo le pertenece a Dios.

Así que necesitamos cambiar nuestra actitud. Necesitamos darnos cuenta que todo lo que decimos tener es un simple préstamo temporal de parte de Dios y es nuestro privilegio ser mayordomos fieles de ello mientras estamos en la tierra. Todo es un simple préstamo temporal. Esa ropa que usted lleva puesta, señora, es prestada de parte de Dios. Un coche, una casa, cualquier posesión que tengas, señor, es

Paso 1: Actitud

prestado de parte de Dios. Todo es bendición de parte de Dios —lo ve, ¿cierto?— es prestado de parte de Dios y por poco tiempo. Sea usted un fiel administrador de lo que tiene.

He compartido con usted algunas mentiras que suenan como si fueran verdad. Ahora, permítame compartir con usted algunas verdades que suenan a mentiras. ¿Está listo?

Verdades que suenan a mentiras

Verdad #1: Dios es quien determina cuanto dinero debo tener.

En Deuteronomio 8:17-18, Moisés señala: "No se te ocurra pensar: 'Esta riqueza es fruto de mi poder y de la fuerza de mis manos'. Recuerda al SEÑOR tu Dios, porque es él quien te da el poder para producir esa riqueza; así ha confirmado hoy el pacto que bajo juramento hizo con tus antepasados". La verdad es, usted no tuvo nada que ver. Dios le dio a usted la habilidad para hacerlo.

En Mateo 6:33 Jesús exhortó: "Más bien, busquen primeramente el reino de Dios y su justicia, y todas estas cosas les serán añadidas". Además, dijo: "No corran tras estas cosas. Los paganos sí van tras ellas. Pongan primero a Dios en sus vidas y él se encargará de suplirles todo lo que necesiten." ¿Por qué? Porque Dios es quien determina la cantidad de dinero que tendremos; no nosotros. Usted y yo debemos cambiar nuestra actitud. Dios determina mi salario, no yo, la empresa donde trabajo, mi arduo esfuerzo y trabajo, mi grado de inteligencia o mi creatividad. Por lo tanto, pondré primero a Dios en mi vida.

Verdad #2: Dios tiene el poder de cerrar la empresa donde trabajo o mi negocio y agotar mi fuente de ingresos sin previo aviso.

¿Recuerda usted la historia de Nabucodonosor en Daniel capítulo 3? Él había visto lo que les había acontecido a Sadrac, Mesac y Abednego, y afirmó: "Su Dios es el único Dios verdadero. Todos deben honrar a ese Dios y si alguien no lo hace, tal persona será ejecutada". ¿Recuerda usted eso? En

Pasos al éxito financiero

Daniel 4:29-30 la Biblia afirma: "Doce meses después, mientras daba un paseo por la terraza del palacio real de Babilonia, exclamó: «¡Miren la gran Babilonia que he construido como capital del reino! ¡La he construido con mi gran poder, para mi propia honra!»"

Nabucodonosor se pasea admirando sus cosas, adquisiciones y logros. Medita y dice: "¡Caramba, miren esto! Todo esto representa mi grandeza. Todo es mío. Yo lo hice. Miren lo que he realizado en mi vida y contemplen este gran negocio que he hecho florecer y he pagado todo y miren todo lo que poseo. Las cosas marchan de maravilla". Y la Biblia señala:

> No había terminado de hablar cuando, desde el cielo, se escuchó una voz que decía:
>
> «Éste es el decreto en cuanto a ti, rey Nabucodonosor. Tu autoridad real se te ha quitado. Serás apartado de la gente y vivirás entre los animales salvajes; comerás pasto como el ganado, y siete años transcurrirán hasta que reconozcas que el Altísimo es el soberano de todos los reinos del mundo, y que se los entrega a quien él quiere.»
>
> Y al instante se cumplió lo anunciado a Nabucodonosor. Lo separaron de la gente, y comió pasto como el ganado. Su cuerpo se empapó con el rocío del cielo, y hasta el pelo y las uñas le crecieron como plumas y garras de águila.
>
> (Daniel 4:31-33)

En el siguiente versículo, Nabucodonosor señala que quiere compartir su testimonio: "Pasado ese tiempo yo, Nabucodonosor, elevé los ojos al cielo, y recobré el juicio." Cómo quisiera yo detenernos en este punto para predicarles sobre estas palabras por media hora. Fije usted su mirada en Dios y usted recobrará su juicio. Es un principio siempre aplicable.

Nabucodonosor dijo:

> Entonces alabé al Altísimo; honré y glorifiqué al que vive para siempre:
> Su dominio es eterno;

Paso 1: Actitud

> su reino permanece para siempre.
> Ninguno de los pueblos de la tierra
> merece ser tomado en cuenta.
> Dios hace lo que quiere
> con los poderes celestiales
> y con los pueblos de la tierra.
> No hay quien se oponga a su poder
> ni quien le pida cuentas de sus actos.
>
> Recobré el juicio, y al momento me fueron devueltos la honra, el esplendor y la gloria de mi reino. Mis consejeros y cortesanos vinieron a buscarme, y me fue devuelto el trono. ¡Llegué a ser más poderoso que antes! Por eso yo, Nabucodonosor, alabo, exalto y glorifico al Rey del cielo, porque siempre procede con rectitud y justicia, y es capaz de humillar a los soberbios.
>
> (Daniel 4:34-37)

Dios tiene el poder de cerrar la empresa donde yo laboro, mi negocio y, sí, también el lugar donde se congrega la iglesia y secar mi fuente de ingresos sin previo aviso. Así que tanto usted como yo necesitamos cambiar de actitud. Necesitamos decir: "No necesito preocuparme por la economía o las acciones. En cambio, debo enfocarme en vivir la vida de tal manera que honre y agrade a Dios". Lo que sucede el lunes por la mañana, cuando abre la bolsa de valores, no importa como sí importa cuando el domingo se congrega la iglesia de Dios para alabarlo, adorarlo y aprender de su Palabra. Reconocemos que es Dios quien nos levanta o nos aplasta. Que lo puede hacer cuando él quiera. Nosotros no tenemos el control ni el dominio, sino Dios. Soberanamente está él en control de todas las cosas y de todos nosotros.

Verdad #3: Dando a Dios resuelvo todos mis problemas financieros.

Esto suena a mentira, ¿no es así? Dando a Dios es la única manera en que yo puedo salir de todos mis problemas financieros. (Sé lo que usted está pensando.) Pero Jesús afirmó: "Den, y se les dará".

Yo he estado trabajando en el ministerio por 29 años y en

Pasos al éxito financiero

todos esos años he visto gente que enfrenta problemas y dificultades financieras y, lo primero que hacen es recortar o completamente dejar de darle a Dios. Cuando alguien se disgusta con el pastor o con la congregación, lo primero que esta persona hace es dejar de darle a Dios o de entregarle lo que a Dios le pertenece. Lo que esa gente debe escuchar es: "Está bien que usted se enoje contra mí, pero no corte las bendiciones de Dios en su vida".

Habrá ocasiones en que usted no esté de acuerdo con su pastor (sé que eso es difícil de creer) o se disguste por algo que sucede dentro de su congregación. Pero no desobedezca a Dios por el simple hecho de que usted está enojado con alguien o por algo. Lo que logrará es que sus problemas aumenten y sus frustraciones se agraven.

Alguien dirá: "Bueno, pastor, seguro que no se refiere a mí, con las deudas y problemas que tengo y enfrento a diario, ¿debo seguir dándole a Dios? Dios no querrá que yo siga dándole, ¿o sí?" He escuchado a muchos predicadores con muy buenas intenciones que afirman: "Ah, no; Dios entiende. Dios no querrá que usted le dé". Dios no dice eso. La gente que enfrenta dificultades financieras son precisamente las personas que deben dar más. ¿Por qué? Dejaré que sea Jesús quien le conteste: "Den, y se les dará" (Lucas 6:38).

He escuchado que en el desierto de Arizona hay una choza vieja. Dentro hay un pozo, una bomba de agua, un frasco con agua y una nota. La nota tiene escrito: "Si usted usa esta agua para cebar la bomba, tendrá toda el agua que quiera para tomar. Si usted se bebe el agua del frasco, tire esta nota". No creo necesario explicar esto. El apóstol Pablo escribió en 2 Corintios 9:6: "Recuerden esto: El que siembra escasamente, escasamente cosechará, y el que siembra en abundancia, en abundancia cosechará". Dios es el dueño de todo y es él quien hace la repartición. No es su negocio o la empresa donde usted trabaja. No son sus habilidades o su ética laboral. No es su inteligencia o carisma. Es Dios. Todo principia con Dios. Todo finaliza en Dios. Y, hasta que tengamos bien aprendido esto, nada funcionará. ¡Nada!

Tanto usted como yo necesitamos cambiar nuestra actitud. Necesitamos decir: "Estoy dispuesto a confiar en Dios y voy a empezar a dar fiel, sistemática y generosamente cada semana para que Dios me bendiga sacándome de mis problemas financieros". Y, él lo hará.

¿Cuál es la mejor forma de obtener la libertad financiera?

No va a llegar a la libertad financiera gastando más dinero.

Yo he visto gente con dificultades financieras que salen y se compran un coche nuevo. ¿Cómo se atreven a hacerlo? Si usted ya está enfrascado en dificultades monetarias, ¿qué es lo que se acarrea comprando más cosas? O salen y se compran ropa nueva. O se van de vacaciones. Ellos afirman: "Simplemente necesito alejarme por un tiempo de todo esto". Cuando usted regresa, todo está como antes, esperándolo a que regrese. Todo estará intacto. Y si usted gasta mucho dinero, cargando todo a su tarjeta de crédito, cuando usted regrese habrá muchos recibos por pagar. No va a llegar a la libertad financiera gastando más dinero.

No va a llegar a la libertad financiera pidiendo más préstamos.

"Bueno, todo lo que necesitamos es a un banquero con buen corazón y él nos hará un préstamo para pagar nuestras deudas". Hace poco tiempo consulté con uno de mis amigos, quien servía de presidente de un banco en nuestra ciudad, acerca de este tipo de préstamos para pagar nuestras deudas. Quise asegurarme de estar dando un consejo bueno porque yo no estoy a favor de pedir prestado para pagar deudas. Para mí, eso sería una jugada o movimiento de lo más absurdo. ¿Por qué? Porque a menos que usted trate el problema en la llave de agua, y primero la cierre, no importa qué tan bonita manguera con boquilla usted tenga. Si usted no para el flujo, enfrentará una tremenda presión acumulada y tarde o temprano usted

Pasos al éxito financiero

tendrá una inundación.

Así que yo le pregunté a mi amigo si el banco donde él trabajó hacía ese tipo de préstamos. A lo cual él me dijo: "Sí, lo hacíamos, pero yo me sentaba a hablar con ese tipo de clientes para asegurarme de que ellos entendían que ese no es el origen del problema. Ese es el síntoma".

El origen del problema es gastar de más. Es vivir más allá de tus posibilidades. Primero tenemos que tratar ese problema. No va a llegar a la libertad financiera pidiendo más préstamos.

No llegará a la libertad financiera haciendo trampas.

Alguien dirá: "Areglaré mi declaración de impuestos y me quedaré con parte del dinero que el gobierno me está quitando". Escuche, si lo hace, está revelándose contra lo que afirma Romanos capítulo 13 donde Dios dice que usted debe obedecer las leyes terrenales. Dios en el cielo, quien determina el ingreso que usted recibe y quien distribuye las riquezas y le da a usted su parte, no honrará su proceder aquí en la tierra al hacerle trampas a los Servicios de Impuestos Internos o a cualquier otro.

No llegará a la libertad financiera por medio del robo.

Alguien dirá: "Yo voy a alterar mi reporte de gastos y sacaré un poquito más de dinero cada semana." No lo hará. No va a robarse su salida a la libertad financiera.

No llegará a la libertad financiera mendigando.

Sucede que en los Estados Unidos de Norteamérica, usted encuentra a mucha gente llevando carteles en la espalda o en el pecho con la leyenda: "Trabajo por comida". Muchas de estas personas mienten y lo saben muy bien. Lo que buscan es una limosna. Esa es la realidad y la verdad. Los periódicos anuncian trabajo, pero muchos no están dispuestos a trabajar. Prefieren limosnear.

Hace algunos años, hice un pequeño experimento. Visité a casi todos los restaurantes cercanos al lugar de reunión de la

Paso 1: Actitud

congregación y pregunté: "¿Tienen vacantes?" Me miraban un poco raro porque yo iba vestido de traje negro y corbata. Todos — McDonald's, Burger King, Taco Bell, Denny's y otros — dijeron tener vacantes. El trabajo no era para mí, sino que yo quería saber si había vacantes para los limosneros.

Mi punto es el siguiente: En el tiempo que toma comprar un plumón, encontrar un cartón donde escribir y colocarse el letrero en la espalda, estos limosneros pudieron haber entrado a un restaurante y pedir trabajo. Tendrían un empleo con beneficios y hasta les darían un uniforme.

Usted no va a limosnear su salida a su libertad financiera. Alguien dirá: "Mis familiares pagarán mis deudas". Escuche usted lo siguiente: No es responsabilidad de sus familiares que usted sea un mal planificador y administrador financiero. Le quiero compartir algo más. Tampoco es responsabilidad de la congregación. Hay gente que cree que la iglesia debe ser un enorme y hermoso balde lleno de dinero para regalar. Entonces cuando una persona sale y despilfarra su dinero o gasta demás siendo un mal administrador, erróneamente piensa que la iglesia debe dar a manos llenas a cualquiera y a todos. (Pero bueno, es tema para otro libro.)

Usted se sorprendería si realmente estudiara lo que la Biblia señala en cuanto a la benevolencia real y genuina. ¿Sabe usted que la Biblia afirma que si una persona no trabaja, que tal persona no debe comer? (Lea 2 Tesalonicenses 3:10.) ¿Sabe usted que la Biblia afirma que los primeros en socorrer y ayudar a las personas viviendo en necesidad son sus propios familiares? (Lea 1 Timoteo 5:4-16.)

Sea muy cuidadoso cuando empieza usted a hablar de benevolencia y quiere dejarle o imponerle esa carga a la congregación. Los primeros que deben ayudar a los necesitados son sus familiares directos e indirectos. Si ellos no lo hacen, la Biblia señala que son peores que los incrédulos.

No llegará a la libertad financiera apostando.
Alguien diría: "Yo me voy a comprar un boleto de lotería para salir de mis deudas". Yo me divierto mucho con los que

Pasos al éxito financiero

compran boletos de lotería. Son los amantes de la lotería. Siempre están en los lugares donde se expenden tales boletos, comprando ilusiones. Yo les digo: "Harían muy bien si arrojan su dinero al basurero porque da lo mismo". Me miran con desprecio.

"Pero pastor, si me gano la lotería le daría el dinero a la iglesia". No lo aceptaríamos. En la congregación no aceptamos dinero obtenido en los juegos de azar o en apuestas. Dios en el cielo no lo honraría. Usted dirá: "Me voy a ganar la lotería y daré todo ese dinero a los pobres". ¡De ellos están tomando ese dinero para dárselo al ganador! Las estadísticas han mostrado que la mayoría de las personas que compran boletos de lotería son aquellas que difícilmente los pueden pagar. Dios no honra eso. Dios no derramará sus bendiciones en ello.

Otro más pudiera decir: "Voy a tomar este dinero y me voy a ir a Las Vegas". Lea esto nuevamente pero despacito. Usted va a tomar del dinero de Dios. ¿Se lo va a llevar a territorio de Satanás y lo va a apostar con la firme intención de ganar dinero para Dios y su reino? Dios no va a honrar eso.

Por años le he dicho a la gente que yo no compro boletos de lotería porque Dios me permitiría ganar. Lo haría. Yo sería uno de los que ganaría, si voy y compro un boleto. Usted lo leería en los periódicos. El reportero diría: "Un boleto tiene los seis o siete números y fue comprado en Arlington, Texas". Y la gente de la congregación diría: "Nos preguntamos si es alguien conocido, de la iglesia". A la mañana siguiente, el periódico local publicaría mi fotografía en primera plana, señalando: "El pastor Barry Cameron ganó todo este dinero". Y, ¿sabe usted qué pasaría? Los ancianos de la iglesia dirían: "A la calle pastor". Mi credibilidad se derrumbaría. Esa es una de las razones por las que no compro boletos de lotería. José dijo: "¿Cómo podría yo cometer tal maldad y pecar así contra Dios?" (Génesis 39:9) ¡Cuán hermoso que los cristianos empiecen a tener principios, y digan: "No puedo apostar porque debo honrar y confiar en Dios. Dios es quien me sustenta y cuida, no la lotería ni los bandidos de Las Vegas".

Paso 1: Actitud

Compartiendo genuinamente

Hace algunos años, en una conferencia, escuché a John Maxwell contar la historia de un congresista el cual llevó su hijo al restaurante McDonald's. El papá compró dos Coca Colas y una porción grande de papas fritas. Luego, se acomodaron en una de las mesas que son muy pequeñas e incómodas. Empezaron a tomar sus Coca Colas, pero el papá alargó el brazo para tomar unas papas fritas de su hijo. El hijo puso ambas manos sobre las papas fritas y las retiró del alcance de su papá. Su papá le dijo: "Está bien hijo". Pero sentado en ese lugar empezó a reflexionar y a pensar en lo siguiente: "¿No se da cuenta mi hijo que fui yo quien le obsequió esas papas fritas? ¿No se da cuenta que le puedo quitar esas papas fritas cuando yo quiera? ¿No se da cuenta que yo tengo el dinero suficiente para comprar todas las papas fritas que yo quiera? ¿No se da cuenta que en este preciso momento podría comprarle papas fritas suficientes para hartarle? ¿No se percata mi hijo que no necesito ninguna de sus papas fritas? Puedo comprarme las mías. ¿No se da cuenta que lo único que quiero es disfrutar de unas cuantas de sus papitas fritas?" Luego, el congresista afirmó entenderlo todo. Su hijo simplemente se comportaba como él había sido con Dios.

¿Ve usted algún paralelismo? Dios nos bendice y luego dice: "Quiero sentarme contigo y disfrutar de algunas de esas bendiciones." Dios se sienta frente a nosotros o a nuestro lado y cuando se aproxima, ponemos ambas manos sobre nuestras cosas y decimos: "No, no, no, Dios. Esto es mío y yo voy a decidir qué darte". Y Dios en el cielo dice: "¿No te das cuenta que yo soy la fuente de todo lo que dices tener? ¿No te das cuenta que yo te puedo retirar toda bendición que ya te he dado? ¿No te das cuenta que yo tengo el poder de inundarte en bendiciones si así lo quiero? ¿No te das cuenta que yo no necesito nada de lo que te jactas tener? Simplemente quería que compartieras".

Pasos al éxito financiero

No se equivoque en pensar que usted puede lograr el éxito financiero por sí solo e ignorar la soberanía de Dios. Dios es dueño de todas las papas fritas.

Lea Proverbios 1:20-23. Es la sabiduría la que habla y dice: "Hice mi llamado en las calles, pero nadie quiso escuchar. Por lo tanto, me reiré de ellos cuando la calamidad los alcance" (parafraseado). ¿Quién es la sabiduría? Es Dios. Dios está diciendo: "Todo lo puse en sus manos. Le dije a mi pueblo, esto es lo que quiero que hagan, pero no estaban dispuestos a escucharme. ¿Qué más puedo hacer? Acuden a mí cuando se encuentran en dificultades, pero ¿qué puedo hacer? Traté de prevenir todo dándoles los principios que les aseguraban su prosperidad".

En este libro vamos a leer muchos principios fenomenales. Pero si no los aplicamos a nuestra vida no servirán de nada. Dios quiere bendecirnos, quiere prosperarnos, pero nosotros decidiremos si ha de suceder o no.

El primer paso en el camino al éxito financiero es:

Cambiar nuestra actitud y reconocer la soberanía de Dios en nuestras finanzas.

"Dios, lo quiero a tu manera. Quiero tu sabiduría. Quiero tu guía. Quiero obedecer tus principios y quiero tus bendiciones en mi vida".

Si usted hace este compromiso, ya está en camino hacia su liberación de sus deudas y va rumbo al éxito financiero.

Paso 1: Actitud

... del archivo: Salga de las deudas
(Ideas simples que lo animarán a salir de sus deudas)

Contraer deudas es fácil. Salir de ellas es lo que cuesta. Por eso toma tanto tiempo, esfuerzo y compromiso. Pero si usted invierte en su futuro haciendo lo que ahora debe hacer para salir de deudas, disfrutará de una multitud de dividendos y beneficios en los días por venir.

¡Tres claves de importancia son confiar en Dios, negarse a sí mismo y la disciplina! Tenemos que desarrollar una estrategia no negociable cuando se trata de nuestras finanzas. Es como el régimen de entrenamiento de un atleta olímpico que debe iniciar su preparación años antes del evento. También nosotros, debemos hacer todo esfuerzo para lograr salir de deudas en el futuro.

Pero es aquí donde inicia todo el asunto o problema. Muchos están dispuestos a orar y pedir la ayuda de Dios, pero allí termina todo. Quieren que Dios haga todo y no están dispuestos a hacer nada ellos mismos. Otros empiezan muy bien pero se desaniman y se rinden antes de tiempo. Afirman: "Todo resulta muy difícil".

Otros más no están dispuestos a dejar de lado nada ni se niegan nada a sí mismos para gozar de todo en el futuro. Afirman: "Voy a gozar de la vida ahora". Estos no se dan cuenta que entre más gocen (den rienda suelta a sus caprichos) el presente, será más difícil que se gocen en el futuro. El dicho "juega ahora y paga después o paga ahora y juega después" resulta verdadero cuando se trata de la mayordomía de nuestras finanzas.

Proverbios 24:27 señala: "Prepara primero tus faenas

de cultivo y ten listos tus campos para la siembra; después de eso, construye tu casa.". Traducción: Primero haz aquello que debas hacer, luego puedes hacer lo que quieras.

Planes de acción

Para salir de deudas necesitamos:

Confiar en Dios. Él es quien le da a usted la habilidad para producir riqueza. Empiece por confiar únicamente en él en cuanto a sus finanzas.

Practicar negarse a sí mismo. Hasta que usted aprenda a controlar sus impulsos de gastar y evitar las parrandas, no podrá salir de deudas.

Formarse su propia auto disciplina. Nadie lo va a hacer por usted. Aprenda a decir no y viva sin aquellas cosas que se siente tentado a comprar.

Si hacemos estas tres cosas de manera consistente, por un prolongado período de tiempo y no nos damos por vencidos, llegará el día cuando podremos decir: "¡Estoy libre de la esclavitud de las deudas por siempre!"

E Paso 2
sclavitud

"Las deudas lo mantienen a usted atrapado en gastar su futuro pagando su pasado".

—Mary Hunt

Demos un repaso de lo aprendido.

- Ya vimos que el diablo trata de engañarnos haciéndonos creer que todo de lo que la iglesia habla es del dinero.
- Aprendimos que el diablo trata de que creamos que el dinero y los bienes nos crean una gran satisfacción.
- Aprendimos que el diablo trata de convencernos que es nuestro dinero y podemos hacer con él lo que querramos.
- Aprendimos que Dios es quien determina la cantidad de dinero que tenemos.
- Aprendimos que dando a Dios es la única manera en

que podemos salir de nuestros problemas financieros.
* Cuando usted oiga o vea la palabra *interés* inmediatamente piense en dos palabras conectadas a ésta: *alguien más*. Porque cada vez que usted paga interés, *alguien más* está ganando dinero y esa persona no es usted.
* ¿Recuerda usted la ilustración de las papas fritas con el congresista y su hijo? Jamás se olvide que las papas fritas son de Dios.

Así que el primer paso en el camino hacia el éxito financiero es reconocer la soberanía de Dios, no tan sólo en nuestras finanzas, sino también en todas las áreas de nuestra vida. Ahora ya estamos listos para movernos al paso dos.

El segundo paso en el camino hacia el éxito financiero es:

Necesitamos darnos cuenta y evitar la sutileza de las deudas.

La esclavitud de las deudas

Hace algunos años, en el transcurso de una semana, recibí cinco sobres por correo de empresas que me ofrecían tarjetas de crédito. Una me ofrecía, por mi "buen récord crediticio", hasta 50.000 dólares de crédito a una tasa de interés del 2,9% en los primeros nueve meses. Otra tarjeta afirmaba que por mi buen récord crediticio me daban hasta 100.000 dólares para gastar. (¡En una tarjeta de crédito!) Yo le dije a Mel Dietz, nuestro administrador: "Hasta podría yo comprar un coche o una casa teniendo esta línea de crédito".

Ninguna de estas cinco empresas de crédito mencionaron la palabra deuda por ningún lado. De hecho, algunas de las solicitudes de tarjeta de crédito señalaban que yo podía combinar mis balances de otras tarjetas de crédito y obtener una increíble tasa de interés de hasta el 2.9% y todo estaría bien.

Continué leyendo y cuando llegué a la letra pequeña, me enteré que todos sus ofrecimientos tenían la condición: "Si yo

Paso 2: Esclavitud

participaba en su plan de crédito, todo estaría bien". Pero al final de los nueve meses, su tasa de interés daba un tremendo salto a 16% en una de las tarjetas y a 22% en otra. Honestamente, ese es un préstamo de lo más ridículo. Yo jamás lo aceptaría en toda mi vida.

En una ocasión el periódico local publicó toda una plana completa con un anuncio de una empresa líder en la venta de muebles. Yo le pregunté a mi esposa: "¿Qué es lo que resalta en este anuncio?" Lo que decía era: "Doce meses sin intereses". Me percaté de la palabra interés y ¿cuáles fueron las dos palabras que surgieron en mi mente? Usted está en lo cierto: ¡alguien más! Seguí leyendo el anuncio y señalaba que esto únicamente era posible si usted hacía sus pagos de acuerdo al plan de crédito renovable automáticamente de la compañía. Entonces, sólo así, todo estaría bien.

Lo que las empresas de tarjetas de crédito no quieren que usted sepa

No pase por alto esto. Las compañías de tarjetas de crédito tienen un cariño especial para las personas que compran regularmente con sus tarjetas y pagan solamente el mínimo cada mes. Estos clientes son como personas sin experiencia que entran en una puerta que da vueltas como tienen algunos edificios grandes. Uno puede confundirse y dar muchas vueltas alrededor del eje central sin entrar ni salir del edificio.

Las compañías de tarjetas de crédito desean que usted, yo y todo el mundo estemos dando vueltas en sus puertas giradoras de crédito. La parte no pagada cada mes está automaticamente renovada como un crédito, con intereses agregados. Si pueden lograr que paguemos el mínimo de nuestra cuenta cada mes, reciben al final mucho en intereses del dinero nuestro. Resulta muy costoso para aquel que paga sólo el mínimo cada mes. Con razón las compañías le aprecian grandemente.

¿Sabe usted cómo le llaman estas empresas a la gente como yo que paga toda la deuda de la tarjeta de crédito y que jamás tiene un balance que pase al siguiente mes? Esta es la pura verdad — nos conocen como "inútiles". Si usted paga toda la deuda de su tarjeta de crédito la empresa lo llama inútil. Yo lo llamaría a usted un genio, pero eso lo trataremos más adelante.

Así que leí todo el anuncio, le eché un vistazo a los hermosos muebles y leí la gran oferta: "Doce meses sin intereses". Bajé la mirada al final del anuncio, a la letra ultra pequeña y ésta decía: "Si en algún momento usted no hace su pago mínimo mensual, la tasa de interés sube a 21%. Tal cual. Nuevamente, el anuncio no mencionaba la palabra deuda por ninguna parte.

Las deudas resultan sumamente sutiles, al igual que las personas que intentan meternos en una deuda. Son hasta siniestros. Es por ello que siempre debemos leer la letra chica antes de seguir insensatamente endeudarnos con cualquier cantidad.

La voluntad de Dios es que estemos libres de deudas

En Deuteronomio capítulo 28 encontramos consejo financiero increíblemente bueno. Se lo diré sin rodeos. Yo creo, sin duda alguna, que la voluntad de Dios es que no tengamos deudas de ninguna especie.

Considere estos versículos, empezando por Deuteronomio 28:12: "El SEÑOR abrirá los cielos, su generoso tesoro, para derramar a su debido tiempo la lluvia sobre la tierra, y para bendecir todo el trabajo de tus manos. Tú les prestarás a muchas naciones, pero no tomarás prestado de nadie". Dios no está señalando que sea malo tomar prestado. No malentienda el versículo; por ningún lado afirma que sea malo pedir prestado. Pero lo que sí está diciendo es: "Vas a vivir de tal manera (el pueblo de Dios) que prestarás a otras naciones pero no tomarás prestado de nadie". Ese es su plan. El siguiente versículo afirma: "El SEÑOR te pondrá a la cabeza, nunca en la cola.

Paso 2: Esclavitud

Siempre estarás en la cima, nunca en el fondo, con tal de que prestes atención a los mandamientos del SEÑOR tu Dios que hoy te mando, y los obedezcas con cuidado. Jamás te apartes de ninguna de las palabras que hoy te ordeno, para seguir y servir a otros dioses".

Es totalmente claro. Dios no quiere que vivamos endeudados. Él quiere que seamos "prestamistas" en vez de andar pidiendo prestado. Desafortunadamente, la mayoría de la gente en la comunidad cristiana está seria y severamente metida en deudas.

La congregación promedio en los Estados Unidos de Norteamérica no se puede considerar "prestamista" en vez de "deudora". Tampoco encontramos esta condición en los cristianos promedio como individuos. Sin embargo, Dios dijo: "Quiero que estén libres para prestarles a muchos y no pedir prestado de nadie". ¿Me escucha?

En diciembre del año 1999 recibí un correo electrónico de una mujer, miembro de la iglesia. Le pedí su permiso para compartirlo con usted. Decía:

> Estoy ansiosa de escuchar sus sermones de enero porque tratarán el tema de cómo librarse de las deudas. Pablo y yo hemos estado libres de deudas desde el 25 de febrero del año 1997. Fue en esa fecha cuando hicimos el último pago por nuestra casa. Estábamos pagando un préstamo financiado a 30 años y lo logramos pagar en siete años, y nos dio una satisfacción enorme. Sentimos que Dios ha sido generoso y bondadoso con nosotros. Me encanta escuchar acerca de las finanzas y las deudas porque sigo aprendiendo cosas.[1]

Recibí otro correo electrónico en la misma semana pero de distinta familia de la congregación, y también les pedí su autorización para compartirlo.

> Le agradezco por su impactante mensaje que dio hoy. Mi esposa y yo hemos estado de visita en la congregación por algún tiempo y nos registramos como miembros el día

Pasos al éxito financiero

nueve. Su mensaje de cómo salir de las deudas se hizo una realidad para nosotros hace como ocho años. Ambos caímos en cuenta que debíamos salir de esta esclavitud y buscamos salir totalmente de nuestras deudas. Ya han pasado varios años desde ese entonces. Lo que quiero señalar es que no podemos entender plenamente el yugo de las deudas hasta que seamos libres. Jamás regresaremos a esa esclavitud.[2]

Precisamente eso es lo que quiero tratar en este capítulo: La esclavitud de las deudas. Si hago un buen trabajo en las siguientes páginas, usted jamás oirá o verá la palabra "deuda" sin que se le retuerza el estómago y sienta náuseas. Le quiero enseñar a odiar las deudas. Le quiero ayudar a que llegue al lugar donde, cuando mire la palabra o escuche a alguien hablar de eso, usted se diga a sí mismo (y tal vez también a los demás): "Odio las deudas". Porque uno de los factores más importantes en el camino hacia el éxito financiero es tener un entendimiento correcto de la esclavitud de las deudas.

¿Se ha detenido usted a pensar cómo sería si usted estuviera totalmente libre de deudas? ¿Se ha imaginado cómo sería su vida si usted no debiera nada a nadie? ¿Ha soñado de ello? Ha pensado: "Si esta próxima quincena yo recibiera mi salario y no estuviera ya comprometido a nadie y yo pudiera hacer con él lo que quisiera, ¿cómo sería mi vida? (Pensarlo le hace sentirse bien, ¿no?).

La idea de estar libre de deudas lo hizo sentirse de maravilla. ¿Por qué? Porque usted no fue creado para vivir en esclavitud de nadie o de nada.

Ponga suma atención porque le voy a explicar algo. Toda su vida sería totalmente diferente de lo que es ahora si usted no tuviera deudas. Todos sabemos que sería hermoso llegar a esa condición, pero hay gente que no quiere decidirse a hacerlo y desarrollar la disciplina que se necesita para lograrlo. Resulta que somos como el atleta que quiere participar en las olimpiadas, pero se pasa todas las mañanas comiendo pasteles y tomando café. Disculpe pero así no va a suceder lo que usted quiere lograr. No funciona así. Usted puede concebir un gran sueño. Pero si usted se la pasa cada mañana picoteando el

Paso 2: Esclavitud

chocolate de los pasteles, sus posibilidades de participar en las olimpiadas son muy escasas.

Simplemente piense en las posibilidades que se le abrirían si no tuviera deudas. Piense en lo que pasaría en la congregación donde se reúne. ¿Se imagina lo que la congregación alcanzaría si todos sus miembros estuvieran libres de deudas? (Le hace sentirse bien pensarlo, ¿no es así?)

Piense en lo que sucedería en su congregación si todos estuvieran libres de deudas. Imagínese a un misionero de visita en la congregación. Le comparte a uno de los acomodadores: "Voy de paso a Brasil. Mi avión fue desviado a esta ciudad y el vuelo se retrasó. No podré abordar el avión sino hasta hoy por la tarde. Siempre he oído de esta iglesia y quise acudir a adorar a Dios junto con ustedes. Por eso, estoy con ustedes hoy".

El acomodador le dice al misionero: "¿Qué va a estar haciendo en Brasil?" El misionero contesta: "Voy para animar a la iglesia, a entrenar a algunos pastores y a ayudar a edificar un lugar de reunión". Así que el acomodador dice: "¿Cuánto dinero se requiere para lograr todo eso?" Y el misionero contesta: "Estamos orando para que Dios supla 100.000 dólares". El acomodador contesta: "Pase usted al servicio y más tarde me pondré en contacto con usted".

El acomodador va con el administrador de la congregación y le dice: "Tenemos hoy entre nosotros a un misionero que va de paso y necesita 100.000 dólares para algunos proyectos que realizará en Brasil. ¿No sería bueno que le ayudemos?" El administrador lo consulta con algunos ancianos y luego acude al pastor para decirle: "Nos gustaría que antes de que finalice el culto anuncie que hay un misionero entre nosotros el cual necesita ayuda y tal vez la congregación lo pueda ayudar".

Siga conmigo. Tan sorprendente como le pueda parecer lo que a continuación voy a decir, es posible que suceda. Si la gente de la congregación estuviera libre de deudas, le podría dar a ese misionero no tan sólo 100.000 dólares sino que la congregación hasta podría levantar una ofrenda especial de hasta 400.000 dólares. Alguien diría: "¡Ay caramba! ¿Qué

Pasos al éxito financiero

haríamos con los 300.000 dólares restantes? Se le entregarían al misionero. Qué gran bendición sería eso. Además, nadie sacrificaría nada porque todos los miembros de la congregación estarían libres de deudas.

Lo peor del caso es que la mayoría de las congregaciones no pueden ofrecer este tipo de ayuda. ¿Sabe usted por qué? Porque la iglesia promedio y el miembro promedio en los EUA padecen una deuda tal que una ofrenda especial tan sólo llegaría a la cantidad de 4.000 dólares.

Dígame usted ¿cuál de los dos ejemplos honra a Dios más? Necesitamos salir de las deudas. Si usted no encuentra suficientes razones en su corazón y en su vida que le ayuden a salir de deudas, tome la de contribuir mejor a la congregación. Usted sería parte de una congregación donde toda necesidad se supliría, hasta las de misioneros de paso que presentan su necesidad de reunir 100.000 dólares

Por años he estado orando para que yo sea parte de una iglesia que pueda dar un millón de dólares al año a misiones. Pero, ¿sabe usted por qué cosa oro ahora? Yo creo que Dios me puso en mi corazón sacar a mi congregación de deudas para que todos juntos demos a misiones un millón de dólares en un solo día. Sí, usted leyó bien: en un solo día. Claro, no lo vamos a poder cumplir la próxima semana, pero lo haremos algún día.

Si todos los miembros de la congregación estuvieran libres de deudas, no sería ningún sacrificio que todos juntos reuniéramos la cantidad de un millón de dólares en un día. Pero en la mayoría de las iglesias, si usted empieza a hablar de esta manera, los miembros empezarían a ponerse nerviosos ya que una ofrenda de tal magnitud y para misiones es algo fuera de su visión y les tomaría muchos esfuerzos y sacrificios. Sin embargo, nadie tiene por qué ponerse nervioso.

Lo que intento lograr en usted es que vea el cuadro completo. Que su visión lo perciba tal cual es. Se trata de que su congregación y su vida están siendo seria y drásticamente afectados por las deudas. Las deudas lo tornan a usted una persona desdichada, ridícula, infeliz, preocupada y que va muriendo más rápidamente. ¿Se da cuenta a lo que me refiero?

Paso 2: Esclavitud

Creo que usted ya sabe que Dios no quiere que su iglesia esté así. De hecho, Peter Wagner escribió un libro titulado *Churchquake* (*La iglesia estremecida*), en el cual narra la historia de dos iglesias con las siguientes palabras: "Estas iglesias tienen todo el dinero que necesitan para hacer los proyectos que entienden que Dios les llama a realizar. Ambas están libres de deudas".[3] Escuche usted esto: "La iglesia cristiana Crenshaw es una congregación afro-americana ubicada en la ciudad de Los Ángeles, cuyo pastor es Fred Price. Cuando ellos ya no cabían en su edificio de la Avenida Crenshaw, compraron las instalaciones de la universidad Pepperdine y edificaron allí su "Domo de Fe", un centro de alabanza y adoración con capacidad para 10.146 personas sentadas en butacas de una sala cinematográfica. El costo total que cubrieron fue de 26 millones de dólares. Catorce millones fueron para la compra del terreno y 12 millones se gastaron en el edificio que construyeron".[4]

El Dr. Wagner fue el orador invitado para predicar en su culto de dedicación que duró tres horas. Él declaró que el gran final de esa dedicación fue el momento cuando Fred Price sacó una carta de su bolsillo, proveniente del banco, la cual decía: "pagado en su totalidad".

Otro ejemplo es la Iglesia Lakewood en Houston, Texas, pastoreada por Joel Osteen. Esta iglesia fue fundada en 1959 con 234 personas y la conforman distintos grupos étnicos. Pasaron por dificultades para acomodar a la gente por su rápido crecimiento. Para 1986 ya contaban con 5.000 miembros. Se había pensado que debían moverse a una parte más céntrica de la ciudad, pero Dios les indicó que debían quedarse en una parte un tanto deteriorada de la ciudad, al noreste de Houston. En 1986, cuando Houston estaba a la mitad de una gran recesión y los precios del petróleo provocaron una gran crisis, el centro de Houston estaba a punto de colapsarse. Tanto los negocios como los individuos se declaraban en bancarrota en el centro de Houston. Justo a los dos meses de la operación de corazón abierto del pastor Osteen, la congregación edificó un santuario con capacidad para 8.000 personas y se empezaron a congregar allí en un año, libre de deudas.[5]

Pasos al éxito financiero

Permítame insertar este pensamiento: ¿Escuchó usted acerca de todo lo malo que sucedía? La economía se derrumbaba, los negocios quebraban, el pastor apenas había sido operado del corazón, pero nada de eso importaba. ¿Por qué? La gente no tenía deudas.

"En 1992, ellos construyeron un complejo familiar y sus oficinas. Todo fue construido dentro de un año y fue pagado en efectivo, sin tener que levantar una ofrenda especial".[6] Así quiere Dios que su iglesia opere. Eso es poner en práctica Deuteronomio capítulo 28. "Tú les prestarás a muchas naciones, pero no tomarás prestado de nadie".

Larry Burkett publicó un libro titulado *La vida libre de deudas*. Si usted no lo tiene, debe comprarlo. Escuche lo que él dice: "Sin importar cómo se vean las cosas hoy día, las deudas no son algo normal en ninguna economía y no debe ser algo normal para el pueblo de Dios. Vivimos en una sociedad que cabalga y está sumida en deudas y que depende de la expansión del crédito para mantener su economía. Ese es síntoma de una sociedad que no está dispuesta a seguir las instrucciones de Dios".[7]

Hace algunos años el administrador de la congregación, Mel Dietz, y yo estábamos buscando un televisor con video y radio integrado para donarlo a uno de los misioneros que apoyamos. Recorrimos varias tiendas de aparatos electrónicos antes de comprar una. A propósito, la pagamos en efectivo. (Usted debe practicar lo que predica). Hasta le compramos las pilas.

Cuando estábamos manejando, Mel me dijo: "Podría pensarse que ya es navidad por toda la gente que compra en estas tiendas". Yo asentí y agregué: "mira todos los automóviles. La gente está sumida en deudas pero ahí van a las tiendas para seguir endeudándose. El domingo acudirán a la iglesia y nosotros les diremos que tenemos de visita a un misionero que está de paso en su viaje a Brasil y que enfrenta necesidades, pero ellos responderán: "Ah, todo lo que la iglesia quiere es nuestro dinero". Ambos nos reímos. Pero, pensándolo bien, no resulta divertido.

Paso 2: Esclavitud

¿No es triste como funciona todo esto? El diablo nos conduce a vivir atiborrados de deudas para mantenernos cautivos y para que no podamos hacer grandes cosas para Dios y su reino.

¿Prohibe la Biblia tener deudas?

No. Pero sí nos desanima a no entrar en deudas. Permítame presentarle algunos principios bíblicos al respecto. Compartiré con usted siete.

Siete principios bíblicos respecto de las deudas.

1. Las deudas lo hacen a usted estar al servicio de alguien más y no al servicio de Dios. En Proverbios 22:7 Salomón dice: "Los ricos son los amos de los pobres; los deudores son esclavos de sus acreedores". Cuando usted toma prestado, en vez de que Dios sea su Señor y su jefe, alguien más le estará dando órdenes. Permíteme advertirle, cuando usted no puede hacer los pagos correspondientes, ellos estarán al mando y le van a estar dictando lo que usted debe hacer y no le va a gustar.

2. Es pecado si usted toma prestado y no paga. Eso está totalmente claro en la Biblia. Salmos 37:21 afirma: "Los malvados piden prestado y no pagan, pero los justos dan con generosidad". Cuando yo leo que "los justos dan con generosidad" creo que la razón de ello es porque ellos no tienen deudas.

3. La Biblia advierte que es mejor no tener deudas. Puede que usted se muestre incrédulo sobre el siguiente versículo. Proverbios 17:18 señala: "El que es imprudente se compromete por otros, y sale fiador de su prójimo". Al leer este versículo, me pareció que su contenido era bastante raro. Lo que está diciendo es que tanto usted como yo nos endeudamos muchas veces por nuestros vecinos. Así que, me puse a investigar un poco del contenido y ¿qué cree usted que dice el original hebreo? Señala: "El hombre insensato o imprudente frota sus manos en juramento, está de acuerdo en salir deudor en presencia de su prójimo". Todo cobra otra dimensión y sentido, ¿no es así? No se trata del hecho en el cual yo salgo como deudor por mi prójimo. Eso casi es como ser el buen samaritano, queriendo hacer algo grato por mi prójimo. No es eso lo que este versículo está diciendo. Lo que afirma es que el hombre falto de prudencia, es decir, un hombre insensato y tonto, se endeuda y su vecino o prójimo lo sabe.

Tal vez no conduzcamos los mejores coches o tengamos las mejores casas del vecindario, pero me alegra que mis vecinos se enteren que todo lo que tengo ya está pagado. La gente pasa junto a los edificios y construcciones de la congregación y tal vez no entienda por qué tenemos tantas salas y salones de reunión, pero ¿no sería hermoso que sepan que ya todo está pagado?

4. El tiempo máximo que el pueblo de Dios se tardó en pagar una deuda fue siete años. En Deuteronomio 15:1, Dios dice: "Cada siete años perdonarás toda clase de deudas". Yo sé que algunos de ustedes leerán esto y dirán: "Eso sería grandioso. Sería hermoso". Siga leyendo: "Lo harás de la siguiente manera: Cada acreedor le perdonará a su prójimo el préstamo que le haya hecho". Suena muy interesante que Dios no dice que tal acreedor no debió haberle prestado a su hermano israelita, sino lo que dice es: "Llegó el tiempo para cancelar la deuda".

La Biblia no prohíbe tomar prestado. La Biblia no prohíbe estar endeudado. Lo que sí señala es que se puede vivir mejor si no tenemos deudas. Siga leyendo.

> Ya no le exigirá a su prójimo o hermano que le pague la deuda, porque se habrá proclamado el año del perdón de las deudas en honor del SEÑOR. Podrás exigirle el pago de sus deudas al forastero, pero a tu hermano le perdonarás cualquier deuda que tenga contigo. Entre ustedes no deberá haber pobres, porque el SEÑOR tu Dios te colmará de bendiciones en la tierra que él mismo te da para que la poseas como herencia. Y así será, siempre y cuando obedezcas al SEÑOR tu Dios y cumplas fielmente todos

Paso 2: Esclavitud

estos mandamientos que hoy te ordeno. El SEÑOR tu Dios te bendecirá, como lo ha prometido, y tú podrás darles prestado a muchas naciones, pero no tendrás que pedir prestado de ninguna. Dominarás a muchas naciones, pero ninguna te dominará a ti.

--Deuteronomio 15:2-6

5. Usted no está en control de su futuro. Santiago 4:13-15 afirma: "Ahora escuchen esto, ustedes que dicen: "Hoy o mañana iremos a tal o cual ciudad, pasaremos allí un año, haremos negocios y ganaremos dinero". ¡Y eso que ni siquiera saben qué sucederá mañana! ¿Qué es su vida? Ustedes son como la niebla, que aparece por un momento y luego se desvanece. Más bien, debieran decir: "Si el Señor quiere, viviremos y haremos esto o aquello". Usted no está seguro si en el futuro inmediato tendrá el dinero suficiente para pagar sus deudas contraídas. No hay forma de saberlo. Sin embargo, el vendedor lo hará creer que usted sí podrá y tendrá el dinero para pagar.

Hace algunos años me compré un coche Toyota Starlet. Ya no los fabrican más. Era casi como tener una bicicleta. Es el coche más pequeño que yo jamás haya visto. (Es casi como tener un simple cochecito para niños pero con puertas.) Sin embargo, eso era todo lo que yo podía pagar. Nunca olvidaré el nombre del vendedor cuando lo compré; era Hank Williams. No, no era el cantante, pero me entonó bien, diciéndome: "Esta compra es un buen inicio para usted". Lo que él no sabía era que este coche no fue mi primer carro. Yo ya había comprado como seis o siete antes. Pero en ese entonces yo estaba tan endeudado que no podía comprar algo mejor. Él me dijo: "Sabe algo, usted va a regresar aquí dentro de unos cuantos años y va a tener suficiente dinero para comprar ese Toyota Supra que está allá. Usted se subirá a esta clase de automóviles. Usted tendrá mucho dinero". Desgraciadamente, lo que él dijo nunca sucedió. Pero recuerde, él era un vendedor. Ya me estaba convenciendo a que yo regresara. Me estaba creando la necesidad de retornar a él para comprar el coche más grande porque yo estaría ganando más dinero. Eso no lo sabemos. No tenemos control de nuestro futuro. No tenemos ninguna seguridad ni garantía.

6. Cuando usted se endeuda le está pidiendo a alguien más que supla sus necesidades y no a Dios. Eso es muy peligroso. Pablo dijo en Filipenses 4:19 lo siguiente. "Así que mi Dios les proveerá de todo lo que necesiten, conforme a las gloriosas riquezas que tiene en Cristo Jesús". Cuando nos endeudamos empezamos a confiar en el banco o la persona que nos pueda sacar de deudas. No confiamos en Dios.

7. Cuando usted se endeuda e hipoteca su futuro, afecta a toda su familia. En Proverbio 11:28-29 Salomón afirma: "El que confía en sus riquezas se marchita, pero el justo se renueva como el follaje. El que perturba su casa no hereda más que el viento, y el necio termina sirviendo al sabio".

Creo que la Biblia es muy clara: No es bueno endeudarse y no representa la perfecta voluntad de Dios en nuestras vidas.

Definiciones de deuda

Permítame darle dos definiciones para deuda. Esto le ayudará a tener la actitud correcta frente a las deudas. [Nota del editor: Aquí el autor hace dos acrósticos con la palabra deuda en inglés: D-E-B-T (1) Dumb Explanation for Buying Things; (2) Don't Even Buy That.] (1) Una excusa no sabia para comprar cosas. (2) Si usted tiene que endeudarse para adquirir cosas, ni siquiera lo piense.

Recuerde, cuando usted ve la palabra "interés", quiero que usted piense en las palabras "alguien más" y cuando usted piense en deudas, piense en "estuve allí" o "he terminado con eso". No use las deudas como excusas para comprarse cosas ya que resulta algo insensato. Ya no lo voy a hacer más.

Mary Hunt publicó un libro titulado *Debt-Proof Living* (Vida sin deudas). Mary afirma: "Por simple diversión investigué la palabra deuda en mi diccionario de sinónimos. El diccionario señala deuda: obligación, en números rojos, cantidades por pagar, no poder pagar, encadenado, cuentas por pagar, atado, obligado a pagar, hasta el cuello, hasta la coronilla, hipotecado completamente, en la trampa de la pobreza, sin

Paso 2: Esclavitud

poder apartar a los cobradores de la puerta, derrotado, en apuros, miserable, en pena financiera, atado, golpeado, hecho pedazos".[8]

¿Ya está usted entendiendo lo que son las deudas? Es un cuadro patético. De hecho, Mary Hunt dice que únicamente hay cinco cosas que usted puede hacer con el dinero:

1. **Darlo.** (¡Ella lo pone en primer lugar y yo también!)
2 **Ahorrarlo.**
3. **Invertirlo.**
4. **Prestarlo.**
5. **Gastarlo.**[9]

Únicamente hay cinco cosas que usted puede hacer con su dinero. Entonces, ¿por qué arruinarlo todo metiéndose en deudas y perderlo al pagar intereses a alguien más? Esto no tiene ningún sentido.

Usted puede estar sentado leyendo esto y diciéndose: "no sé si algún día podré salir de deudas". ¿Se puede salir de deudas? Por completo. Sin importar quién es usted, esto es posible. Sin importar cuánto debe, se puede salir de deudas. Solamente espero que usted no sea una de esas personas que caminan diciendo: "Mi papá siempre debió dinero. Mi abuelo siempre debió dinero". Si yo tuviera el tiempo, le discutiría esa afirmación. Porque cuando se retrocede a la época de la gente de la edad de su abuelo y la gente de la edad de su bisabuelo, descubrirá rápidamente que ellos no vivieron endeudados. Pagaban en efectivo las cosas que compraban. Eran más sensatos que nosotros. Algo más que tal vez usted no sepa en cuanto a "aquellos años maravillosos", ellos no tenían que echarle llave a las puertas de sus casas por las noches y podían dejar puestas las llaves de sus coches toda la noche. Ahora todo ha cambiado y no necesariamente ha sido para lo mejor. Yo creo que todos pueden salir de deudas si realmente lo desean y si hacen lo que se requiere hacer.

De acuerdo con la teoría de la aerodinámica y como se ha demostrado en los túneles de prueba con corrientes de aire, el abejorro no puede volar. Científica y aerodinámicamente, el abejorro no puede volar. Toda concepción matemática y científica afirma que el abejorro no puede volar debido a su peso, tamaño y forma de su cuerpo comparado con el tamaño que alcanzan sus alas al extenderse. Científicamente, sería imposible volar en esas condiciones. Sin embargo, el abejorro no le presta atención a las matemáticas, la ciencia o a las leyes de la aerodinámica. El abejorro, completamente ignorante de las teorías científicas, levanta su vuelo y hace miel diariamente.

Usted puede salir de deudas, simplemente debe desearlo y estar dispuesto a hacer lo que se requiere para lograrlo.

¿Cómo se sale de deudas?

1. Haga un compromiso irrevocable con Dios y con usted mismo de que va a salir de deudas.

Haga un compromiso irrevocable: "Voy a salir de deudas". Primero, comprométase así ante Dios, luego con usted mismo y cuénteselo a todos los que quiera para que ellos le pidan cuentas futuras. Si sus amigos y vecinos lo ven a usted llegar a su casa dos semanas después de haber hecho el compromiso manejando un Ferrari, ellos le pedirán cuentas de su proceder. Necesitamos que nos llamen la atención y nos pidan cuentas para tener éxito en este propósito.

2. No se endeude más.

Simplemente diga: "Se acabó. No voy a pedir prestado nada más. No me voy a seguir hundiendo en deudas." Si para comprar algo necesita pedir prestado, dígase a sí mismo: "Ni siquiera pienses en comprarlo". Es insensato tratar de comprar cosas si no tenemos dinero en efectivo.

3. Ponga a Dios en primer lugar cuando dé algo.

Eso no quiere decir que cada semana usted vaya a arrojarle a Dios un hueso, cualquier billete o la calderilla o las monedas sueltas que le sobra en los bolsillos. La Biblia enseña

Paso 2: Esclavitud

de manera enfática que debemos darle como mínimo el 10% de nuestros ingresos. Nuestros primeros frutos le pertenecen a Dios. Si no lo hacemos así, jamás saldremos de deudas.

4. Elabore un plan por escrito.

Mucha gente se incomoda cuando escuchan la palabra presupuesto. Yo doy bastante consejería, especialmente prematrimonial y de parejas. Cada vez que aconsejo, terminamos hablando de problemas financieros y yo aprovecho para compartir acerca de los presupuestos. Hay parejas que me dicen: "Claro, es bueno tener un presupuesto". Y yo les pregunto, "¿tienen uno?" Casi siempre me contestan, "bueno, no por ahora, estamos trabajando en ello."

Tenga usted su presupuesto. Mi esposa y yo tenemos un presupuesto de cinco hojas tamaño carta. Por mi experiencia, le puedo asegurar que este es uno de los secretos para salir de deudas y no seguir adquiriendo más. Lo primero que tiene que hacer es analizar con sumo detenimiento la lamentable situación donde se encuentra económicamente en este instante. Hay que detallarlo todo en una hoja de papel. Ese es apenas el inicio. No es nada divertido. No hay nada placentero en elaborar la contabilidad de nuestros pagos, obligaciones fiscales y demás gastos. Lo común es que salga más de lo que entre. Esto es lo que usted necesita hacer. Así empezamos a elaborar nuestro presupuesto.

Nuestro presupuesto de cinco páginas muestra las entradas de dinero, los pagos que hay que hacer, los gastos, nuestras obligaciones fiscales, nuestros ahorros y nuestro dinero para el retiro o jubilación. Semanalmente, mi esposa y yo sabemos del dinero con el que contamos y las responsabilidades que tenemos. Tenemos un listado de los cobros que nos llegarán la semana siguiente y cuáles se necesitan pagar. Resulta sorprendentemente informativo y de gran ayuda. No es difícil elaborar un presupuesto. No es ninguna ciencia. Tiene que ver con el sentido común.

Usted no tiene que ser un gran matemático para elaborar un presupuesto, pero lo que sí debe tener es un plan por escrito.

Pasos al éxito financiero

Usted debe poder visualizar lo que realmente sucede con sus finanzas. A propósito, mientras usted siga endeudado, no tiene verdaderos ahorros. Usted debe saber eso. Es bueno tener dinero ahorrado. Lo animo a que usted ahorre. Pero simplemente recuerde que mientras siga teniendo deudas no tiene verdaderos ahorros. Especialmente si su dinero en el banco le genera intereses del 4% y paga intereses de entre 19 al 21% por sus tarjetas de crédito.

5. Ponga una fecha límite cuando deba tener saldadas todas sus deudas.

El experto en finanzas Larry Burkett afirma que cualquier persona puede salir de deudas en siete años. Pero usted puede afirmar: "No estoy seguro; puede representar mucha presión". Entonces, fije su límite en ocho años. Pero fíjese una fecha límite. Comprométase con una meta. "Voy a estar libre de deudas para cierta fecha". Si usted no se fija una fecha límite, jamás cumplirá.

Hace algunos años había en mi casa una persona un poco gorda. Estábamos comiendo postre y me estaba contando cómo iba él a perder peso. Yo pensé: "¿No resulta divertido todo esto? Estamos comiendo cosas dulces y tú me dices que vas a perder peso". Pero, ¿no es así como todos nos comportamos? Nos acostamos y miramos a la gente en la televisión que están haciendo ejercicios para bajar de peso. Nos decimos: "Así de delgado voy a estar yo". Luego, vamos al refrigerador, nos servimos helado con galletas y seguimos mirando la televisión.

Tenemos que tener una meta o seguiremos en la misma posición o tal vez peor para estas fechas el próximo año. Usted necesita decir: "Voy a hacer esto", pero usted va a tener que vivir sin algunas cosas y tendrá que cambiar algunas cosas en su estilo de vida que vive en la actualidad.

6. Ajuste su estilo de vida.

Usted no tiene que salir a comer fuera de su casa diariamente. Permítame decirle que la peor inversión que usted hace es comprarse un refresco y galletas diariamente. Los

Paso 2: Esclavitud

negociantes invierten muy poco y obtienen ganancias exorbitantes. Les encanta verlo a usted llegar a su negocio y pedir algo de comer. Luego, ellos se repiten: "Ganancias, ganancias, ganancias". En un restaurante, le preguntan: "¿Desea usted empezar con un aperitivo?" ¿Sabe usted que es un aperitivo para el dueño del restaurante? Más dinero que entra. Usted dice: "Bueno, si yo llevara mi comida al trabajo todos se reirían de mí". Todos se burlarían. Eso está bien. Que se rían de usted hasta que usted quede libre de deudas. Entonces acudirán a usted para preguntarle: "¿Cómo funciona eso de traer su propia comida?" "¿Me puedes enseñar a salir de mis deudas?"

Usted no tiene que salir a cenar todos los viernes. No tiene que ir al cine. No siempre tiene que parar en la tienda para llevar algo a casa. Mucha gente tiene por costumbre ir a los centros comerciales cada semana y no se van a su casa sin llevarse algo. Permítame sugerirle algo. Vaya hoy a un centro comercial, recórralo por completo y luego regrese a su casa sin haber comprado algo. Confíe en mí. Haré que usted se sienta bien. Usted puede decir: "Lo logré, lo logré. Pude caminar en todo el centro comercial y no compré nada".

A mí me encantan los libros. Pero aprendí algo hace bastante tiempo ya. Se puede entrar a una librería, agarrar varios libros, tenerlos en las manos por un rato, dejarlos nuevamente y salir. Con esto estoy demostrándome a mí mismo que yo estoy en control de la situación y las cosas. La librería no me controla.

Usted jamás saldrá de deudas si no ajusta su estilo de vida. Siempre habrá gente que se reirá de usted. Siempre habrá gente que no lo entenderá. Está bien. Cuando en mi familia decidimos que íbamos a salir de deudas, mi hijo me dijo: "¿Sabes que hay gente que se está burlando de ti?" Le contesté: "Sí, pero ¿qué hay de malo en eso?" Él me contestó: "Papá, yo creo que estás haciendo lo correcto". Le dije: "Hijo, sé que así es. Uno de estos días quedaremos libres de deudas y toda esta gente dejará de burlarse de nosotros".

Pasos al éxito financiero

Usted no debe permitir que los criticones y los burlones gobiernen su vida. Esa es una de las razones por las que estamos viviendo en deudas y metidos en problemas en este momento. Le ponemos demasiada atención a la gente, al qué dirán si no compramos algo. Les hacemos caso a las frases manipuladores: "Ésta es una muy buena oferta"; "¿Qué tal esto?" "Compra aquello"; "Compra este otro". No tenemos que tener lo que ellos tienen o comprar lo que nos dicen que debemos comprar. Necesitamos salir de deudas y entonces no importará lo que digan. De hecho, es posible que hasta acudan a usted para pedirle su ayuda y que ellos también salgan de deudas.

7. Empiece a pagar sus deudas de manera sistemática.

Usted necesita tener un plan *escrito*. Debe considerar sus obligaciones adquiridas y luego hay que empezar a pagar. Le recomiendo que pague primero sus deudas más pequeñas. Luego, utilice el dinero que acostumbraba usar para pagar sus deudas pequeñas y empiece a pagar la siguiente deuda más alta.

Algunos dirán: "Pero lo que debo hacer es pagar primero las deudas que me están generando los intereses más altos". Sin embargo, si usted aplica las matemáticas, se dará cuenta que no importa por cuales empiece y se sentirá mejor si paga primero las más pequeñas. Empiece con la más chica y, le aseguro que si usted tiene un plan por escrito y puede tachar una de sus deudas: "Esa deuda quedó saldada para siempre". Esto le dará a usted ánimo de seguir pagando y lo impulsará a combatir sus otras obligaciones contraídas hasta que usted salga de deudas.

Alguien escribió las siguientes palabras, bajo el titulo "No se puede lograr".

> Aquellos que se pierden de toda diversión
>   son los que afirman no se puede lograr.
> Su solemne orgullo los mantiene alejados
>   y reciben cada aventura con reproche.
> Si tuvieran el valor de enfrentar
>   y rechazar la historia de la humanidad.

Paso 2: Esclavitud

> No tendríamos radios ni automóviles,
>> ni calles alumbradas por estrellas eléctricas.
>
> No tendríamos telégrafo o teléfono.
>> Permaneceríamos en la era de piedra.
>
> El mundo estaría dormido si las cosas las administraran
>> aquellos que afirman: "No se puede lograr".

Sí se puede lograr. Y yo lo quiero alentar: Estoy comprometido a formar un ejército de gente absoluta, completa y permanentemente sin deudas. Estoy absolutamente comprometido a ello. Usted lo puede lograr. *Todos* lo podemos lograr.

No tan sólo se puede lograr, sino que se hará. Con la ayuda de Dios y para gloria y honra de Dios, todos podemos quedar libres de deudas. Como lo señalé al principio de este capítulo, no hay duda alguna de que Dios nos quiere libres de deudas. Y, no tengo la menor duda de que Dios puede hacer todo y está dispuesto a hacerlo para que salgamos de deudas. ¿Sabe usted cómo lo sé? Tanto usted como yo llegamos a este mundo en deuda con el pecado. Dios sabía que eso no era bueno. Por ello envió a su Hijo a pagar por esa deuda que nosotros no podíamos pagar y nos liberó. Juan 8:36 señala: "Así que si el Hijo los libera, serán ustedes verdaderamente libres". El mundo está atado y esclavizado al pecado. En el mundo, no hay una sensación más grata que el ser liberado de la deuda del pecado. La segunda sensación más agradable es quedar libre de las deudas de este mundo. Dios también le ayudará a usted a quedar libre de esas deudas.

Pasos al éxito financiero

. . . del archivo: Salga de las deudas
(Ideas simples que lo animarán a salir de sus deudas)

Tres cosas indispensables para salir de deudas

1. Lo que usted AFIRMA. Si usted continuamente asegura: "Jamás saldremos de deuda", *¿sabe usted qué pasará?* Usted no saldrá de deudas. La Biblia afirma: "Porque cual es su pensamiento en su corazón, tal es él". Usted tiene que cambiar su forma de expresarse. Empiece por agradecerle a Dios que es quien le ayuda a salir de deudas y continuamente dígale a su pareja, a su familia y a sus amigos: "No tan sólo lo podemos lograr (salir de deudas), sino que lo vamos a hacer". Vea lo que sucede.

2. Lo que usted GASTA. Si usted constantemente gasta más de lo que gana, jamás saldrá de deudas. Usted tiene que cambiar este hábito. A continuación le doy algunas ideas de las cosas que puede controlar: salir a comer, subscripciones a los diarios y revistas, llamadas de larga distancia, electricidad, uso del teléfono celular, compra de ropa nueva, etc. Sus deudas e intereses que usted tuviera que pagar por esto seguirán controlando su vida y su futuro hasta que usted controla su forma de gastar el dinero.

3. Lo que usted AHORRA. Resístase a la urgencia de los placeres extraordinarios. No se gaste todo lo que logra ganar. Trate de que cada semana le quede algo para ahorrar, a pesar de que sea una cantidad mínima. Usted no tiene que ir al cine para ver la última película que acaba de salir. No tiene por qué adquirir el último disco compacto o DVD en el mercado. Posponga ese tipo de placeres y meta su dinero en una cuenta de ahorros. Muy pronto se dará cuenta de la insensatez de las

Paso 2: Esclavitud

compras hechas por simple impulso y de la seguridad que hay en tener su ahorrito generándole intereses.

Tome usted consejo del archivo salga de las deudas. Ponga atención en lo que AFIRMA, GASTA y AHORRA. ¡Esto le ayudará a salir de deudas!

Planes de acción

A. Coloque en un lugar visible su compromiso de salir de las deudas. Le mantendrá motivado diariamente.

B. Quite uno de sus gastos frívolos de su presupuesto. Reemplácelo con algo equivalente pero gratis.

C. Si su patrón está dispuesto, trate de que parte de su salario sea depositado directamente en una cuenta de ahorros. Esta es una forma de que usted se vea forzado a ahorrar.

E Paso 3
lección

"Cuando salimos a comer fuera de la casa, la mayoría de nosotros pensamos en dejar una propina del 15% en el restaurante. Pero, cuando sugerimos que en la iglesia se debe dar un mínimo del 10%, algunas personas se horrorizan".
—Felix A. Lorenz, Jr.

Mucha gente trata en reírse de sus problemas financieros o sonríen y actúan como si todo estuviera normal. La verdad es que no hay nada divertido en tener problemas financieros. Por mi experiencia adquirida viviendo con deudas, creo tener algo de autoridad suficiente para señalar que no es nada divertido estar endeudado o vivir con estrés financiero. Así que ¿por qué enmascaramos todo y fingimos que no hay ningún problema en nuestras vidas?

Alguien muy sabiamente dijo: "A menudo gastamos

dinero que no tenemos comprando cosas que no necesitamos para impresionar a alguien que ni siquiera conocemos". Alguien más dijo: "Cuando nuestros gastos son superiores a nuestros ingresos no podremos mantenernos y caeremos en la ruina". No hay nada divertido vivir con presión y estrés financieros. Vivir con cuentas por pagar, con cargas financieras y bajo la esclavitud de las deudas no genera ningún buen humor o algo grato. Sin embargo, la mayoría de la gente vive esclava de continuos problemas financieros, el estrés financiero y una deuda que los hace miserables. Creo que esto es un comentario triste concerniente a nuestra sociedad.

¿Quién está detrás de sus problemas financieros?

Antes de solucionar nuestros problemas financieros, debemos darnos cuenta quién está detrás de todo esto. ¿Quién es responsable por todo el lío financiero en el que estamos metidos? Cuando sepa la respuesta, se va a sorprender en gran manera. Una vez que sepamos quien está detrás de nuestros problemas financieros, entonces vamos a descubrir como solucionarlos. Ahora, no siga cometiendo más errores. Usted es parte fundamental de sus problemas financieros debido a las decisiones que ha tomado en su vida. Las opciones han sido suyas. Pero hay alguien más detrás de sus problemas financieros y no es su esposa o su esposo.

Si usted escudriña las Escrituras, es claro que el diablo quiere que usted y yo estemos sumidos en deudas. Que el agua nos llegue hasta el cuello. Que los problemas financieros nos agobien. A pesar de todo ello, él no es el responsable de nuestros problemas financieros.

La aterradora realidad es que es Dios quien está detrás de todos nuestros problemas financieros. Sí, lo leyó bien. ¡Dios todopoderoso! He aquí la ironía de todo ello: Usted y yo podemos salir de los problemas financieros en cualquier momento que querramos. Literalmente, podemos salir de

Paso 3: Elección

nuestras dificultades financieras y salir del estrés que ellas nos causan en el momento que querramos. Pero tenemos que decidir hacerlo a *la manera de Dios*.

Elección personal

Algunos se van a sorprender al leer la siguiente afirmación, pero nadie está predestinado a vivir en problemas financieros. ¿Ha conocido gente que parece comprar coches que siempre se descomponen? ¿Ha conocido gente que siempre parece tener grandes dificultades en sus hogares? La semana pasada se trató de la lavadora que se descompuso. El mes pasado fue el refrigerador el que se echó a perder. El mes anterior fue uno de sus hijos que chocó el vehículo y al parecer enfrentan una calamidad financiera tras otra. Es fácil para nosotros mirarlos y afirmar: "Bueno, es gente que va a padecer calamidades financieras toda su vida". ¿Dónde escuchó usted eso? La Biblia no enseña que alguien esté predestinado a sufrir problemas financieros toda su vida. Tenemos el poder para elegir. Usted y yo podemos elegir vivir vidas totalmente distintas de la que otros eligen.

Una noche llevé a mi hijo al concierto de Doc Severinsen en Fort Worth. Sí, encontró el dinero en su presupuesto para ir. Pagó su boleto y hasta nos compró de cenar. Al salir de Wendy's (sé que este no es el mejor restaurante de Fort Worth), le dije: "Gracias por la cena, hijo". (Eso suena agradable, ¿no lo cree usted así?) Fuimos a un concierto donde el promedio de edad de las personas que asistieron era de sesenta o más años. Toda la gente iba bien vestida, en trajes, buenas chaquetas y vestidos elegantes. Nosotros no íbamos tan elegantes. Nos encontrábamos en el segundo nivel, miré a mi alrededor y le dije a mi hijo: "Matt, ¿están aquí algunos de tus amigos, los que saben que tocas la trompeta?" Él me contestó: "No, no están aquí". Y yo le dije: "Bueno, es bueno que acudas a este tipo de conciertos porque cuando te expones a estos eventos tu visión y tu mirada se incrementa en cuanto a tu capacidad para lograr cosas". (Mi hijo es un buen trompetista y tiene tapizada una de las paredes de su cuarto con muchos reconocimientos obtenidos.)

Pasos al éxito financiero

Mientras estábamos allí sentados yo traté de alentarlo. Le afirmé: "Para lograr lo que otros no logran, hay que hacer lo que otros no hacen". Así sucede con las finanzas. Si usted elige bien en su vida y hace aquello que los demás no están dispuestos a hacer, si usted está dispuesto a seguir a Dios y a confiar en él cuando se trata de las finanzas, usted tendrá en su vida aquello que los demás jamás experimentarán. La tragedia es que, con frecuencia, los problemas financieros que nos aquejan en nuestras vidas son simples resultados de nuestra mala elección.

Las consecuencias de nuestro egoísmo

Hageo es un libro del cual no se oye mucho, pero en Hageo 1:1 encontramos a gente que pasa por muchas dificultades. Y, ponga atención en esto, sus problemas eran el resultado directo de ignorar a Dios. Específicamente, no hicieron caso a las cosas de Dios y, aún peor, no se ocupaban de la casa de Dios. Ponían en primer lugar sus deseos sin hacer caso a Dios. Analicemos los problemas que en consecuencia enfrentaban. Los versículos 1 a 2 dicen: "El día primero del mes sexto del segundo año del rey Darío, vino palabra del SEÑOR por medio del profeta Hageo a Zorobabel hijo de Salatiel, gobernador de Judá, y al sumo sacerdote Josué hijo de Josadac: «Así dice el SEÑOR Todopoderoso: 'Este pueblo alega que todavía no es el momento apropiado para ir a reconstruir la casa del SEÑOR.'»"

Guarde lo anterior en mente. Ellos habían decidido algo. "Todavía no es el tiempo propicio para hacer algo por el SEÑOR". Ahora entérese de lo siguiente: "También vino esta palabra del SEÑOR por medio del profeta Hageo: "¿Acaso es el momento apropiado para que ustedes residan en casas techadas mientras que esta casa está en ruinas?" [Otras versiones de la Biblia indican que las casas no eran simplemente techadas, sino también espléndidamente artesonadas. — Editor]

Así que Dios dice: "¿Acaso es bueno que ustedes vivan en casas ostentosas y lujosas mientras que esta casa, mi casa,

Paso 3: Elección

sigue en ruinas?" El versículo 5 afirma: "Así dice ahora el SEÑOR Todopoderoso: «¡Reflexionen sobre su proceder!»" Vea usted lo que está a punto de acontecer. Los problemas financieros se irán acumulando. "»Ustedes siembran mucho, pero cosechan poco; comen, pero no quedan satisfechos; beben, pero no llegan a saciarse; se visten, pero no logran abrigarse; y al jornalero se le va su salario como por saco roto.»".

Como animales enjaulados, van de un lado a otro, pero sin realmente cambiar nada. No importa lo que hagan, nada cambia. Trabajan más, siembran más semilla, se esfuerzan por lograr más, pero no por ello logran más o van a alguna parte. (¿Le recuerda esto a alguien que usted conoce?) Algo malo sucede. ¿No lo cree usted así?

Considere los versículos 7 y 8. "Así dice el SEÑOR Todopoderoso: «¡Reflexionen sobre su proceder! Vayan ustedes a los montes; traigan madera y reconstruyan mi casa. Yo veré su reconstrucción con gusto, y manifestaré mi gloria» -dice el SEÑOR-". En ocasiones he encontrado gente que dice: "Bueno, no debe haber un edificio de reunión o instalaciones para la iglesia. Debemos de dar todo el dinero a misiones". Me pregunto si este tipo de gente siquiera tienen una Biblia para leer y si la tienen ¿la habrán leído? El edificio más fenomenal construido sobre la faz de la tierra fue el templo de Dios (su casa) del cual él mismo dio las especificaciones y los planos de construcción. Dios fue quien dijo: "Edifícame casa". Dice: "edifícame casa para que yo manifieste mi gloria allí y yo sea honrado". El versículo 9 afirma: "Ustedes esperan mucho, pero cosechan poco".

¿Ve usted lo que está pasando? La gente trabajaba arduamente, tenían buenas estrategias y planeaban con sumo cuidado. Decían: "Todo marcha de maravilla. Vamos a levantar una muy buena cosecha. Todo va a salir a la perfección". Pero en el versículo 9 Dios dice: "Lo que almacenan en su casa, yo lo disipo de un soplo".

¿Ha usted llegado a su casa, abierto su billetera y dicho: "A dónde se ha ido todo mi dinero?" ¿Sabe usted que la Biblia señala que el dinero tiene alas? La Biblia afirma que el dinero

Pasos al éxito financiero

vuela. Proverbios 23:5 dice que las riquezas se van volando como las águilas.

"¿Por qué? ¡Porque mi casa está en ruinas, mientras ustedes sólo se ocupan de la suya! –afirma el SEÑOR Todopoderoso". He aquí la clave: Las prioridades de ellos estaban en un completo desorden. "Por eso, por culpa de ustedes, los cielos retuvieron el rocío y la tierra se negó a dar sus productos. Yo hice venir una sequía sobre los campos y las montañas, sobre el trigo y el vino nuevo, sobre el aceite fresco y el fruto de la tierra, sobre los animales y los hombres, y sobre toda la obra de sus manos".

Dios dice: "Ustedes tienen sus prioridades todas cambiadas. Ustedes me quitan a mí del primer lugar y se ponen allí ustedes. Por lo tanto, yo cerré todo". Quiero que esto le quede claro y transparente. Dios tiene el poder para hacer esto. Y cuanto usted y yo tenemos nuestras prioridades todas revueltas, cuando ponemos otras cosas o a nosotros mismos en primer lugar, antes que a Dios, nos cerrará todo. Nuestros problemas financieros son un simple reflejo de que Dios quiere captar nuestra atención. Le puedo garantizar que cada vez que usted y yo pongamos a Dios al último y nosotros nos pongamos en primer lugar, va a haber problemas. Cada vez.

Los problemas financieros son para usted, su familia, su negocio y hasta para la iglesia como un sensor de dolor en su cuerpo físico. Dios ha equipado su cuerpo con sensores del dolor. Los tiene para que usted no destruya ni arruine su cuerpo. Dios ha colocado sensores del dolor en mis manos para que si yo golpeo algo con demasiada fuerza los sensores me digan: "Tonto, no hagas eso". Mi cerebro le preguntará a mi mano: "¿En qué estabas pensando?" Mi mano responderá: "No debo pensar, soy una mano y nada más". Esos sensores fueron colocados por Dios para que no nos lastimemos. Por su infinita sabiduría y porque nos ama, Dios instaló esos sensores en nuestro cuerpo para que no nos autodestruyamos. Son como las lucecitas de advertencia en el tablero de un automóvil. ¡Póngale atención a esas luces de advertencia!

Hace años, en una ocasión cuando yo salía con mi novia y quien es ahora mi esposa, estaba yo manejando su coche

Paso 3: Elección

desde Missouri hasta Tulsa, Oklahoma. De pronto, las luces de advertencia en el tablero empezaron a prenderse. Yo las ignoré y seguí manejando, pensando que no debía tratarse de nada importante. Finalmente, me detuve, pero ya era demasiado tarde. El motor se había sobrecalentado. Nos costó mucho dinero repararlo y todo porque yo no presté atención sino que ignoré las luces de advertencia. El mensaje que estas luces trataron de enviarme era: "¡Hay problemas, hay problemas, detente y pide ayuda!"

Sensores del dolor

Las luces de advertencia, los sensores del dolor y los problemas financieros fueron diseñados para captar nuestra atención y para ayudarnos evitar problemas innecesarios. La enfermedad más insidiosa que ataca el cuerpo humano no es el cáncer o el sida. La peor enfermedad de la humanidad es la lepra. La lepra sistemáticamente va consumiendo y destruyendo los sensores del dolor a tal grado que usted puede raspar su mano por una pared sin sentir ningún dolor.

Permítame compartir con usted lo que yo creo que es una enfermedad financiera mortífera de la cual la gente se contagia: el crédito. Lo que la lepra es para el cuerpo humano, el crédito es para nuestras finanzas. El crédito nos dice todo va bien, sin importar lo que hagamos. Tal vez nos estemos destruyendo, destruyendo nuestro futuro y yendo a la ruina económica pero seguimos recibiendo los avisos de que nuestro crédito va en aumento, que somos personas encantadoras y que podemos salir a tomar prestado del mundo. Yo creo que los problemas financieros son la forma en que Dios nos está diciendo: "No vas en el camino correcto".

De hecho, en Hebreos 12:6 la Biblia dice que Dios nos disciplina porque nos ama. Dios no va a permitir que tanto usted como yo seamos rebeldes y desobedientes y nos salgamos con la nuestra. Por ello, nos cierra todo a nuestro paso. Nos da problemas financieros.

Pasos al éxito financiero

Bendiciones por ser obedientes

Permítame mostrarle otro versículo: Malaquías 3:9. Recuerde que en Hageo capítulo 1, Dios es quien está detrás de los problemas. Ahora, aquí en Malaquías note que Dios es quien está detrás de las bendiciones.

¿Ve usted la diferencia? En Hageo 1 los problemas surgieron como resultado porque la gente ignoró a Dios, específicamente su casa, y se pusieron ellos en primer lugar. Pero aquí en Malaquías capítulo 3 las bendiciones son el resultado directo de poner a Dios en primer lugar y diezmar. Note lo que dicen los versículos 8 y 9: "»¿Acaso roba el hombre a Dios? ¡Ustedes me están robando! »Y todavía preguntan: '¿En qué te robamos?' »En los diezmos y en las ofrendas. Ustedes – la nación entera – están bajo gran maldición, pues es a mí a quien están robando".

Dios había cerrado todo. En Malaquías 3:10, Dios da la respuesta para que la nación salga de sus problemas. Dice: "»Traigan íntegro el diezmo para los fondos del templo, y así habrá alimento en mi casa. Pruébenme en esto – dice el SEÑOR Todopoderoso –, y vean si no abro las compuertas del cielo y derramo sobre ustedes bendición hasta que sobreabunde". Ahora, considere los versículos 11 y 12: "Exterminaré a la langosta, para que no arruine sus cultivos y las vides en los campos no pierdan su fruto – dice el SEÑOR Todopoderoso. Entonces todas las naciones los llamarán a ustedes dichosos, porque ustedes tendrán una nación encantadora –dice el SEÑOR Todopoderoso".

No pase por alto esto. Dios está en control. Él es quien está ya sea detrás de nuestros problemas financieros o de nuestras bendiciones. Y, ¿adivine usted quién elige a Aquel que va a estar en nuestras vidas? Pues usted y yo.

Antiguo contra Nuevo Testamento

Sin duda que algunos dirán: "Eso está en el Antiguo Testamento y no es válido para nuestros días. No debemos perder el tiempo en el Antiguo Testamento porque nosotros somos una iglesia del Nuevo Testamento". Bueno, está bien;

Paso 3: Elección

vayamos al Nuevo Testamento. En 1 Corintios 10:6, Pablo escribió: "Todo esto sucedió para servirnos de ejemplo". ¿Sabe usted lo que es un ejemplo? Es un modelo o patrón a seguir. Pablo dice:

> Todo eso sucedió para servirnos de ejemplo, a fin de que no nos apasionemos por lo malo, como lo hicieron ellos. No sean idólatras, como lo fueron algunos de ellos, según está escrito: «Se sentó el pueblo a comer y a beber, y se entregó al desenfreno.» No cometamos inmoralidad sexual, como algunos lo hicieron, por lo que en un sólo día perecieron veintitrés mil. Tampoco pongamos a prueba al Señor, como lo hicieron algunos y murieron víctimas de las serpientes. Ni murmuren contra Dios, como lo hicieron algunos y sucumbieron a manos del ángel destructor. Todo eso les sucedió para servir de ejemplo, y quedó escrito para advertencia nuestra, pues a nosotros nos ha llegado el fin de los tiempos.
>
> --1 Corintios 10:6-11

En otras palabras, usted no puede descartar o hacer a un lado el Antiguo Testamento y decir: "No, eso no tiene nada que ver conmigo". Toda la Biblia es para nosotros. Toda la Biblia es un solo libro. No lo podemos dividir o fraccionar. Habrá gente bien intencionada que dirá: "El diezmo es un concepto del Antiguo Testamento y como nosotros somos una iglesia del Nuevo Testamento, no tenemos por qué diezmar". Está bien, consideremos esa afirmación. Por razones de la argumentación, tomemos esta declaración como una premisa fundamental. Sin embargo, permítame hacerle una pregunta. ¿Sabía usted que hay alrededor de 500 profecías en el Antiguo Testamento en cuanto a la segunda venida del Cristo? ¿Nos podemos deshacer también de ellas? ¿Las podemos ignorar? ¿Podemos aseverar que esas 500 profecías de la segunda venida del Cristo son obsoletas porque somos una iglesia del Nuevo Testamento? Eso sería absurdo.

El diablo hace que la gente se pelee por el bautismo y el diezmo más que de cualquier otra cosa. ¿Lo sabía usted? ¿Quiere usted saber por qué? Porque son puntos de partida en nuestro caminar en obediencia a Cristo.

Pasos al éxito financiero

Existen millones de personas caminando sobre la tierra hoy en día, pensando que han sido bautizados cuando en realidad no es así. ¿A qué me refiero? Me refiero a aquellos que han sido rociados o que se les ha derramado agua en la cabeza. Estas personas viven pensando que han sido bautizadas. Ni siquiera hay medio versículo en la Biblia que apoye que el bautismo sea por aspersión o rociamiento. Pero hay denominaciones religiosas, falsos teólogos, pastores o iglesias que afirman que esto está bien.

Por desgracia, todo esto es contrario a las enseñanzas de la Biblia, la palabra de Dios. La Biblia enseña que el bautismo debe tipificar la muerte, sepultura y resurrección para ser considerado un bautismo genuino y auténtico. La inmersión es la única forma que tipifica eso. (Lea Romanos 6:3-5.) Ahora, considere lo siguiente: Si el diablo puede arruinar a la gente en su forma de percibir el bautismo y los hace desobedientes al mandato de Dios y caminan toda su vida desobedeciendo a Dios, el diablo ha ganado. Si mantiene engañada a la gente respecto a lo que la Biblia dice que la gente debe hacer, él ha ganado y nosotros hemos perdido.

Ahora hablemos del diezmo. El diezmo es algo elemental. Es un punto de arranque para los creyentes. No es el punto final, es el punto de inicio. Si el diablo lo puede atrapar a usted con la idea de que no debe diezmar y hace que usted desobedezca a Dios en esa área de su vida, le puede robar todas las bendiciones que Dios le quiere dar. Una vez que el diablo logra que usted desobedezca en un área de su vida, le es más fácil lograr que usted le desobedezca en otras áreas también.

El diezmo está en el Antiguo Testamento. En realidad inició con Caín y Abel. Se suponía que ellos debían presentar las "primicias o primeros frutos" a Dios. Es evidente que Dios ya se los había señalado: "Lo mejor que tienes me pertenece, tráemelo". Abel le presentó las primicias, lo mejor de lo que tenía, pero Caín no lo hizo así. Dios aceptó la ofrenda de Abel, pero rechazó la de Caín. Por ello, Caín se enojó. ¿Ha recapacitado usted en que el primer asesinato sobre la tierra y de la historia de la raza humana fue por una ofrenda? (Me

Paso 3: Elección

sorprende que la gente siga disputando en cuanto a las ofrendas y el darle a Dios lo que es de él.)

El diezmo continuó con Abraham mucho antes de que Dios diera la ley. Abraham le entregó los diezmos al sumo sacerdote Melquisedec en Génesis 14:17-24. Melquisedec fue una manifestación de nuestro Señor Jesucristo.

¿Recuerda usted el sueño de Jacob en Bet-el acerca de una escalera en Génesis capítulo 28? Jacob se pasó la noche entera soñando de ángeles que bajaban y subían por esta escalera y cuando se despertó por la mañana dijo: "El SEÑOR está en este lugar". Luego prometió: "Y de todo lo que Dios me dé, le daré la décima parte". Esto fue mucho antes de que Dios diera la ley.

El diezmo también aparece en el Nuevo Testamento. Uno de los primeros pasajes es Mateo 23:23. Yo siempre me río cuando alguien afirma que no creen que el diezmar sea algo del Nuevo Testamento. ¡Aquí está! ¿Adivine quién habla del diezmo? ¡El Señor Jesús! Lea lo que él afirma: "¡Ay de ustedes, maestros de la ley y fariseos, hipócritas! Dan la décima parte de sus especies: la menta, el anís y el comino. [Nota del editor: Por cierto es difícil nombrar alguna posesión más diminuta que especias. Es por eso que nació el dicho "me importa un comino".] Pero han descuidado los asuntos más importantes de la ley, tales como la justicia, la misericordia y la fidelidad". Lo que estos fariseos hacían era diezmar hasta lo más insignificante de las especies que tenían. Pero eran rudos e injustos con la gente, no practicaban la misericordia y no eran fieles a Dios. Ahora, escuche lo que Jesús les dice: "Debían haber practicado esto sin descuidar aquello". En otras palabras, debían haber practicado la justicia, la misericordia y la fidelidad, pero sin dejar de lado el diezmo.

Es un paquete completo. No por el simple hecho de vivir una vida santa quiere decir que se puede dejar de diezmar. Y, no por el hecho de diezmar, puede excusarse para no vivir una vida dedicada a Dios. Usted tiene que cumplir con ambas. Jesús no abolió nada respecto de la ley y los profetas. En Mateo 5:17-20 él afirma: "No piensen que he venido a anular la ley o

Pasos al éxito financiero

los profetas; no he venido a anularlos sino a darles cumplimiento". ¿Sabe usted lo que esto quiere decir? Significa que él simplemente vino para colocarlos en un nivel *superior*.

Permítame mostrarle un contraste entre el Antiguo y Nuevo Testamentos. En el Antiguo Testamento el pueblo de Dios ofrecía sacrificios de animales. Usted dirá: "En el Nuevo Testamento ya no tenemos eso". Usted está en lo correcto. Tenemos algo mejor. Tenemos "sacrificios vivos" (Romanos 12:1-2). Sigue habiendo sacrificios; simplemente ya no son animales muertos.

En el Antiguo Testamento Dios estableció el tabernáculo y el templo. En el Nuevo Testamento estableció la iglesia. En el Antiguo Testamento Dios dijo: "No cometas adulterio". En el Nuevo Testamento Jesús dice: "Cualquiera que mira a una mujer y la codicia ya ha cometido adulterio con ella en el corazón" (Mateo 5:28). En el Antiguo Testamente tenían el sábado o día de reposo. En el Nuevo Testamento tenemos el primer día de la semana. En el Antiguo Testamento tenían la ley y los profetas. En el Nuevo Testamento tenemos toda la Biblia y el Espíritu Santo. Ambos testamentos no entran en conflicto uno con el otro, sino que se complementan. El Nuevo Testamento es el cumplimiento, la consumación del Antiguo.

¿Ve usted como Jesús elevó a un plano superior todo? No abolió nada. Todo lo hizo superior.

Ya hemos analizado los dos pasos en el camino al éxito financiero.

El primero es reconocer la soberanía de Dios — nuestra actitud.

El segundo tiene que ver con percibir y evitar la sutileza de las deudas — la esclavitud.

En este capítulo descubrimos el paso tres: **Adoptar la importancia y centralidad del diezmo.**

Si planeamos salir de las deudas y deshacernos de nuestros problemas financieros, el diezmo tiene que ser el centro absoluto de nuestro plan. Se lo diré sin rodeos, los planes

Paso 3: Elección

del mundo pagano no incluye diezmar, pero los del cristiano sí. Lo más simple y grandioso que usted puede hacer para darle un giro a sus finanzas es elegir confiar en Dios y empezar a diezmar. ¡Cambiará su vida!

Ocho principios del diezmo

1. El diezmo LE PERTENECE A DIOS, no a nosotros.

Levítico 27:30 dice: "El diezmo de todo producto del campo, ya sea grano de los sembrados o fruto de los árboles, pertenece al SEÑOR, pues le está consagrado". En Malaquías 3:10 Dios dice: "Traigan íntegro el diezmo para los fondos del templo". Si usted estudia Josué capítulo 7, la historia de Acán, usted se dará cuenta que Acán fue castigado por su pecado. Usted no debe tomar a la ligera los asuntos de Dios. Las cosas que le pertenecen a Dios son sagradas, no se juega con ellas. También, estudie usted la narración de la batalla de Jericó. Jericó fue la primera ciudad que los israelitas debían conquistar en la tierra prometida. Todos los despojos de guerra, las primicias de los frutos y el diezmo eran sagrados, apartados para *Dios* pues le pertenecían a él. Acán tomó de esos despojos para sí mismo. Pensó: "A Dios no le harán falta; hay suficiente y yo puedo utilizar esto de la manera que a mi me agrade". Pagó muy caro por su fechoría. El hecho de haber elegido mal le costó la vida. Desafortunadamente, su mal proceder le afectó a su adorada esposa, sus hijos, todo lazo familiar con él y hasta sus animales. Descubrió que el diezmo le pertenece a Dios.

2. Debemos TRAER todo el diezmo a las bodegas del templo.

Malaquías 3:10 afirma que debemos *traer íntegro el diezmo para los fondos del templo*. En el Antiguo Testamento las bodegas de Dios estaban ubicadas en el templo en Jerusalén. En el Nuevo Testamento están en la iglesia local. En Marcos 12:41-44 Jesús está con sus discípulos y la Biblia afirma que "Jesús se sentó frente al lugar donde se depositaban las ofrendas." ¿Sabe usted dónde estaba este lugar? En el templo. Jesús y sus

Pasos al éxito financiero

discípulos acudieron a tal lugar y se sentaron y al parecer nadie se incomodaba o enfurecía por tener que dar su ofrenda y entregar los diezmos. Era algo común. Todos sabían que se tenían que presentar con su ofrenda y depositarla.

Hoy en día la gente se pone nerviosa, súper espiritual y hasta agresiva cuando se trata del dar. Afirman que dar es algo privado y secreto entre ellos y Dios y que nadie se debe enterar del asunto.

De cualquier manera, cuando Jesús vio a una viuda que se presentó y entregó su ofrenda, dijo: "Les aseguro que esta viuda pobre ha echado en el tesoro (de Dios) más que todos los demás. Éstos dieron de lo que les sobraba; pero ella, de su pobreza, echó todo lo que tenía, todo su sustento" (parafraseado).

No pase por alto esto. Dios quiere que *traigamos* y presentemos nuestro diezmo en la congregación. En una ocasión que yo estudiaba sobre esto, noté algo muy interesante. Dios no quiere que nosotros enviemos nuestro diezmo con alguien o lo hagamos llegar de alguna otra forma a la iglesia. Claro está que si usted se va a ir de vacaciones o tiene que salir de su hogar por mucho tiempo por razones de trabajo o alguna otra situación, pues la cosa cambia. Pero si usted está en casa, cuando llega el día del Señor, usted debe *presentarse* con su diezmo en la congregación. ¿Por qué? Porque así se asegura Dios de que acudamos a su casa. Y ¿adivine qué sucede? Hay muchas cosas que él quiere enseñarnos a través de su palabra escrita, la Biblia. Así que al *presentarse* usted para ofrecerle a Dios su diezmo cada semana, el primer día de la semana, él nos puede enseñar todo lo que quiere que sepamos. "*Traigan íntegro el diezmo para los fondos del templo*".

A propósito, recuerde usted que debemos traer el diezmo a las bodegas donde se cuida de nosotros y donde somos alimentados. Usted no come en Burger King y luego dice: "Aprecio la comida, pero voy a ir a pagar a Taco Bell". No funciona así. Debemos presentar el diezmo, el 10% de Dios, al lugar donde somos alimentados y cuidan de nosotros.

Paso 3: Elección

3. Debemos traer ÍNTEGRO el diezmo.

En Malaquías 3:10 Dios dijo: "*Traigan íntegro* el diezmo". Se trata de todo el diez por ciento. En ocasiones nos colocamos en el lugar de Dios y les decimos a las personas "pues usted puede empezar con el dos por ciento e ir subiendo hasta alcanzar el diez". Dios no dice eso. Dios no dice: "Esfuérzate y trata de alcanzar el diez por ciento poco a poco". Dios no dice: "Ora por ello y a ver qué te propones". Dios no dice: "Trata de meter eso en tu presupuesto". Todo esto son mentiras de Satanás. No. Dios claramente estipula: "Traigan *íntegro* el diezmo".

A propósito, una obediencia parcial no le va a traer bendiciones parciales. Algunos piensan: "Únicamente obedeceré un poco a Dios para que yo obtenga poco de bendición y no me quede sin nada". Discúlpeme pero le tengo malas noticias. Una obediencia parcial equivale a una desobediencia total. Ya se lo he dicho a las señoras de la congregación, si su esposo se va de viaje y al regresar les dice: "Mientras estuve de viaje te fui fiel en el noventa y nueve por ciento", ¿no es eso infidelidad total? Es una infidelidad del cien por ciento. ¿Cierto? Le apuesto a que así es. Le tengo más malas noticias. Una obediencia tardía también es desobediencia. Santiago 4:17 afirma: "Así que comete pecado todo el que sabe hacer el bien y no lo hace". Así que debemos traer y presentarle a Dios **todo** el diezmo.

4. Debemos traer el diezmo íntegro a la BODEGA.

Nuevamente, note usted que en Malaquías 3:10 Dios dice "para los fondos del templo". No es para la casa propia que usted tiene. Para algunas personas esto es todo un descubrimiento. La Biblia no dice que el diezmo, que le pertenece a Dios, usted pueda decidir utilizarlo para mejorar su casa propia. John Hagee, pastor de la Iglesia Cornerstone en San Antonio, Texas, tiene un sermón en cuanto al diezmo, donde él señala: "El día de hoy algunos de ustedes vinieron a la iglesia manejando un coche robado. Algunos de ustedes están sentados aquí con ropa robada. Algunos de ustedes viven en casas construidas con dinero robado. Tomaron el dinero de Dios y lo usaron para su uso personal propio".[1] Tal vez yo no me atreva a afirmar esto que usted acaba de leer, pero me siento igual que él. No debemos utilizar el diezmo de Dios para edificar o amueblar nuestras casas. Debemos traerlo a su BODEGA y utilizarlo para sus propósitos. Es diezmo de Dios.

5. Debemos traer íntegro el diezmo a su casa el primer día de la semana; es decir EL DOMINGO.

¿Cómo llegas a esa conclusión? En 1 Corintios 16:1-2, el apóstol Pablo le dijo a la congregación en Corinto: "En cuanto a la colecta para los creyentes . . . El primer día de la semana, cada uno de ustedes aparte y guarde algún dinero conforme a sus ingresos, para que no se tengan que hacer colectas cuando yo vaya". El contexto de todo esto es "una ofrenda misionera". Pablo quería que ellos, cuando se congregaran para alabar a Dios, además de las ofrendas y el diezmo que daban de por sí, dieran más de acuerdo a sus posibilidades y que guardaran ese dinero en el fondo de misiones para que cuando Pablo llegara a ellos no se tuvieran que recoger ese tipo de ofrendas. Nuestra congregación así lo hace. Por varios años ya hemos estado apartando dinero en un fondo para misiones. Es toda una dotación aparte, separada para ese fin. De acuerdo a nuestros ingresos, estamos ahorrando dinero para que cuando la gente acuda a nosotros con diferentes necesidades, necesidades de misiones, no tengamos que levantar entonces una ofrenda especial. Eso es totalmente bíblico y se debe hacer en el primer día de la semana, *el domingo.*

A propósito, debemos estar preparados para aportar algo antes de que la necesidad llegue. Es bíblico estar preparados y dar antes de tiempo. Cuando usted espera hasta el momento del culto de adoración para decidir dar, les estamos comunicando a todos a nuestro alrededor y a nuestro gran Dios sobre nosotros: "no planee esto con anticipación". Alguien dirá: "Bueno, así lo he hecho siempre". Entonces usted debe cambiar su forma de hacer las cosas y debe empezar a apartar el dinero de Dios desde su hogar, antes de irse al punto de reunión de la

Paso 3: Elección

congregación. Hay que planearlo. Hágalo parte de su rutina. Decida con tiempo anticipado obedecer a Dios.

6. El diezmo le pertenece a DIOS. No tenemos la libertad para designarlo, dividirlo o enviarlo a dónde mejor nos parezca.

El diezmo no le pertenece a usted o a mí; es decir, no es suyo o mío. ¡Es de *Dios*! No podemos disponer de él, dividirlo o dirigirlo a donde nosotros queramos. Usted se sorprendería cuántas ideas y peticiones recibimos en la congregación respecto del diezmo. Todos quieren disponer de él y dirigirlo a donde mejor les parece. La gente sugiere de manera autoritaria: "Yo quiero que mi diezmo se use o se aplique para lo siguiente". No podemos cumplir antojos con el diezmo. Le pertenece a *Dios*.

Resulta bíblico ofrendar más que lo que se diezma. Además, las ofrendas sí las podemos dirigir a donde nosotros queramos. Muchas veces la gente va a señalar: "Caramba, no puedo creer cuanto dinero le he dado a *Dios*". Yo les quiero decir que "vean cuanto es el diezmo que han aportado y en realidad se van a dar cuenta que no han dado lo suficiente". Porque la realidad es que el diezmo le pertenece a *Dios*, no se lo estamos dando. No somos tan generosos. Lo que hacemos con el diezmo es regresárselo a *Dios*. Es por ello que David señaló: "Pero (Dios), ¿quién soy yo, y quién es mi pueblo, para que podamos darte estas ofrendas voluntarias? En verdad, tú eres el dueño de todo, y lo que te hemos dado, de ti lo hemos recibido" (1 Crónicas 29:14). El diezmo le pertenece a *Dios*.

7. En el Antiguo Testamento eran los sacerdotes los que administraban los diezmos y ofrendas. Hoy en día SON LOS LÍDERES de la congregación los que están a cargo de esa responsabilidad.

Primera Timoteo 5:17 señala: "Los ancianos que *dirigen bien los asuntos de la iglesia* son dignos de doble honor". Ese es su trabajo. Ellos deben recibir los diezmos y las ofrendas que le traemos a *Dios*, las deben utilizar y nosotros debemos confiar en ellos.

Pasos al éxito financiero

8. Es BÍBLICO que los líderes aparten una suma de dinero tomada de los diezmos y ofrendas del pueblo de Dios (la congregación) y la destinen a la obra misionera.

Ya consideramos esto en 1 Corintios capítulo 16. También Filipenses capítulo 4 señala lo mismo. Por años, nosotros así lo hemos hecho en la congregación. Además de que apoyamos de manera regular a una gran cantidad de misioneros, tenemos ya cinco fondos misioneros distintos. Son dotaciones muy aparte donde hemos depositado más de 250.000 dólares en cada fondo y los cuales están ganando intereses. (Sí, estamos hablando de más de un millón de dólares destinado a misiones.)

A continuación describo los cinco fondos o dotaciones especiales:

1. **El fondo de los fundadores.** (Este fondo se inició en honor de la gente que fundó esta congregación.) Se utiliza este dinero para otorgarles becas a la gente de nuestra iglesia que quiera asistir a un colegio o seminario bíblico.
2. **El fondo Antioquía.** Este fondo existe para ayudar a la gente que quiere realizar un viaje misionero corto.
3. **El fondo Filipos.** Este fondo existe para ayudar a la gente que quiere realizar un viaje misionero prolongado.
4. **El fondo del buen samaritano.** Este fondo existe para ayudar financieramente a la gente que requiere ayuda humanitaria.
5. **El fondo Jerusalén.** Este fondo existe para proveer ayuda financiera para iniciar nuevas congregaciones.

Debido a que estos fondos han sido planeados para que cuenten con más de un millón de dólares, jamás estaremos obligados a disminuir el capital principal porque únicamente utilizaremos los intereses (el dinero de "ALGUIEN MÁS") para cumplir con nuestras propuestas y necesidades de misiones hasta que Cristo venga.

Paso 3: Elección

Permítame compartir con usted una idea final. Algunas personas han sido condicionadas a pensar que los problemas financieros son una forma de vida. Esto, simplemente no es verdad. Veamos lo que a la mayoría de la gente le pasa. Tal vez hasta le haya sucedido a usted. Cuando algo bueno acontece, usted se beneficia con una promoción en su trabajo, un aumento de sueldo o con dinero extra que llega a sus manos y usted se dice: "Caramba, esto es demasiado bueno para ser verdad. No va a durar. Algo malo se aproxima". ¿Le ha pasado esto?

He aquí un versículo que espero usted haga parte de su vida. Proverbios 10:22 dice: "La bendición del SEÑOR trae riquezas, y nada se gana con preocuparse".

¿Cómo podemos llegar a estar en esa posición donde Dios nos otorgue riquezas y todo marche a la perfección? Una vez ricos, no queremos problemas o que nada malo nos acontezca. 2 Crónicas 26:5 dice que "Mientras Uzías buscó a Dios, Dios le dio prosperidad". Lo que fue una realidad para Uzías, es una verdad y realidad para usted y para mí. Mientras busquemos a Dios, en tanto que lo pongamos a él en primer lugar, Dios nos bendecirá. La elección es nuestra.

¿Cómo lo logramos? Si realmente queremos salir de deudas y nos queremos deshacer de los problemas financieros, necesitamos que el diezmar sea el centro de nuestra planeación financiera.

Ponga esto en su mente y en su corazón. Dios es quien está detrás de nuestros problemas financieros. También, Dios es quien está detrás de nuestras bendiciones financieras. Nuevamente, he aquí la promesa. Si traemos íntegro el diezmo a la bodega de Dios, Dios abrirá las compuertas del cielo y nos arrojará tanta bendición que no tendremos donde almacenarla (Malaquías 3:8-10). ¿Puede usted pensar en un mejor trato o negociación? Yo tampoco.

Recuerde, somos nosotros quienes determinamos si Dios va a estar detrás de nuestras cargas o bendiciones, los problemas o la prosperidad. La elección es nuestra.

Pasos al éxito financiero

. . . del archivo: Salga de las deudas
(Ideas simples que lo animarán a salir de sus deudas)

El verano puede representar un muy buen tiempo para que usted progrese en su meta de salir de deudas, pero si usted no tiene el cuidado suficiente, también puede ser la peor temporada y usted puede terminar más endeudado. La elección es suya.

La tentación mayor que lo puede a usted endeudar más durante el verano es irse de vacaciones. Mucha gente utiliza su tarjeta de crédito para cargar el costo de los boletos de avión, los gastos del hotel, la ropa nueva que se compra, las comidas fuera de casa y hasta otras diversiones. Su forma de pensar es la siguiente: "Nos merecemos esto . . . necesitamos un descanso . . . simplemente teníamos que alejarnos . . ." etc. El problema es que, de esta manera, usted puede acumular y formar un montón de deudas cargando todo a su tarjeta de crédito por una o dos semanas de vacaciones. La verdad es que usted se la pasará pagando esta deuda por semanas y meses aún después de que su diversión se le haya olvidado. Con frecuencia, hasta terminará pagando intereses. ¡Qué doloroso!

Planes de acción

A continuación le doy algunas sugerencias para que usted SALGA parcialmente de deudas en el verano en vez de SUMIRSE más en ellas.

Paso 3: Elección

1. No cargue nada a su tarjeta de crédito durante el verano. Hágala una regla inquebrantable.
2. Durante el verano no compre más ropa. Vístase con la misma ropa del verano anterior o la que normalmente usa.
3. Cocine en el jardín de su casa algunas carnes asadas y no salga a comer fuera de su casa. Así se ahorrará mucho dinero y ni siquiera va a tener que esperar en largas filas.
4. Utilice cupones de descuento en sus compras semanales. Se puede ahorrar bastante haciéndolo así.
5. Haga un esfuerzo compartido con su familia para ahorrar energía eléctrica y agua durante el verano. Si tenga aire acondicionado, usted no tiene por qué tener su casa como refrigerador o si riega su jardín haga lo mínimo que lo mantiene verde.
6. Ahorre en llamadas de larga distancia y haga las llamadas críticas o necesarias únicamente. Sale más barato llamar por las noches y fines de semana.
7. Propóngase realizar una venta de las cosas que tiene y que no usa. Esto le generará ingresos y limpiará un poco su casa.
8. Anime a cada miembro de su familia que viva de acuerdo a sus ingresos y posibilidades. En otras palabras, siempre gaste menos de lo que gana y ahorre algo cada semana.

No tan sólo le ayudarán estas recomendaciones a pasar un mejor verano, sino que le ayudarán a salir de deudas.

Paso 4
Decisión

"Usted no toma decisiones porque sean fáciles;
no las toma porque sean baratas;
no las toma porque sean populares;
las toma porque son las CORRECTAS".
— Theodore Hesburgh

En Proverbios 13:7, Salomón escribió: "Hay quien pretende ser rico, y no tiene nada; hay quien parece ser pobre, y todo lo tiene". Ese versículo describe a la gente de los Estados Unidos de Norteamérica. En su libro muy vendido, *The Millionaire Next Door* (*El Vecino Millonario*), Thomas Stanley y William Danko comparten varias verdades impactantes de los millonarios de los Estados Unidos de Norteamérica. Ellos afirmaron que muchos millonarios compran sus trajes de tiendas comunes. La gran mayoría de los millonarios compran y manejan autos usados. La mayoría de los millonarios hacen sus compras en Sears y otros grandes almacenes. La mayoría de

Pasos al éxito financiero

los millonarios hacen que sus hijos se ganen su dinero en vez de nada más dárselos. Y, la mayoría de los millonarios siempre viven gastando mucho menos que sus ingresos. Es por ello que son millonarios. Desgraciadamente la mayoría de la gente en Norteamérica no son millonarios. Y si continúan gastando como es habitual de ellos, jamás serán millonarios.

Hace algunos años el periódico conocido como *The Fort Worth Telegram* publicó una serie de artículos sobre el dinero y las finanzas. A continuación presento un extracto de uno de esos artículos:

> Con el florecimiento de la economía, los norteamericanos han salido de parranda con la fiebre de las compras, y como prueba de ello tienen en su poder los abultados balances de sus tarjetas de crédito. La deuda consumista o deuda distinta a las hipotecas, aumentó a 1,344 millónde millones dólares en el año 1998 de 1,096 millón de millones de dólares en 1995. De acuerdo con la Reserva Federal, el hogar promedio norteamericano carga cada mes un total de 2.800 dólares a sus tarjetas de crédito. Pero muchos hogares rebasan por mucho esa cantidad. El año pasado más de 24.000 personas que utilizan crédito acudieron a las oficinas de la organización conocida como Servicio de Consejería al Consumidor. Estamos hablando únicamente de las 28 oficinas que dan este servicio a la gran parte de Fort Worth y el oeste de Texas. Esta gente acudió porque no sabían administrar sus deudas. El cliente típico de nuestra área debía 23.703 dólares repartidos en diez distintas tarjetas de crédito.
>
> Day Warden, una consultora de deudas de la oficina de Burleson, afirma: "La gente que yo atendí no se daba cuenta que estaba gastando demasiado. Ellos llenaron solicitudes de tarjetas de crédito en Foley's y en otras tiendas sin ir sumando sus compras y si yo les preguntaba cuánto habían cargado a sus tarjetas en navidad, no tenían la menor idea".[1]

Resulta obvio que los problemas financieros pueden tornarse increíblemente complejos. Sin embargo, salir de ellos es resultado de tan sólo seguir algunos pasos simples. Hasta

Paso 4: Decisión

este momento hemos analizado tres de ellos en nuestro recorrido para lograr el éxito financiero:

Primero, necesitamos reconocer la soberanía de Dios - *nuestra actitud.*

Segundo, necesitamos percibir y evitar la sutileza de las deudas - *la esclavitud.*

Tercero, necesitamos adoptar y hacer nuestra la importancia y centralidad del diezmo - *nuestra elección.*

En este capítulo quiero examinar el cuarto paso en el camino hacia el éxito financiero: **Necesitamos aceptar el plan de Dios y gozar la seguridad que hay en la obediencia** - *nuestra decisión.*

Quiero compartir con usted una historia que se encuentra en 2 Reyes 5:1-15. A pesar de que se encuentra en el Antiguo Testamento y que no trata del dinero o las finanzas, contiene gran sabiduría que podemos aplicar a cada una de las áreas de nuestra vida, especialmente en nuestras finanzas.

Naamán el leproso

La historia empieza en 2 Reyes 5:1, que dice: "Naamán, jefe del ejército del rey de Siria, era un hombre de mucho prestigio y gozaba del favor de su rey porque, por medio de él, el SEÑOR le había dado victoria a su país. Era un soldado valiente [note usted las siguientes palabras], pero estaba enfermo de lepra".

Recuerde, la enfermedad más maliciosa que el cuerpo humano puede contraer es la lepra porque el enfermo pierde toda capacidad sensorial del dolor. A continuación, lea usted los versículos 2-15:

> En cierta ocasión los sirios, que salían a merodear, capturaron a una muchacha israelita y la hicieron criada de la esposa de Naamán. Un día la muchacha le dijo a su ama: «Ojalá el amo fuera a ver al profeta que hay en Samaria, porque él lo sanaría de su lepra.»

Pasos al éxito financiero

Naamán fue a contarle al rey lo que la muchacha israelita había dicho. El rey de Siria le respondió:

-Bien, puedes ir; yo le mandaré una carta al rey de Israel.

Y así Naamán se fue, llevando treinta mil monedas de plata, seis mil monedas de oro y diez mudas de ropa. La carta que le llevó al rey de Israel decía: «Cuando te llegue esta carta, verás que el portador es Naamán, uno de mis oficiales. Te lo envío para que lo sanes de su lepra.»

Al leer la carta, el rey de Israel se rasgó las vestiduras y exclamó: «¿Y acaso soy Dios, capaz de dar vida o muerte, para que ese tipo me pida sanar a un leproso? ¡Fíjense bien que me está buscando pleito!»

Cuando Eliseo, hombre de Dios, se enteró de que el rey de Israel se había rasgado las vestiduras, le envió este mensaje: «¿Por qué está Su Majestad tan molesto? ¡Mándeme usted a ese hombre, para que sepa que hay profeta en Israel!»

Así que Naamán, con sus caballos y sus carros, fue a la casa de Eliseo y se detuvo ante la puerta. Entonces Eliseo envió un mensajero a que le dijera: «Ve y zambúllete siete veces en el río Jordán; así tu piel sanará, y quedarás limpio.»

Naamán se enfureció y se fue, quejándose: «¡Yo creí que el profeta saldría a recibirme personalmente para invocar el nombre del SEÑOR su Dios, y que con un movimiento de la mano me sanaría de la lepra! ¿Acaso los ríos de Damasco, el Abaná y el Farfar, no son mejores que toda el agua de Israel? ¿Acaso no podría zambullirme en ellos y quedar limpio?» Furioso, dio media vuelta y se marchó.

Entonces sus criados se le acercaron para aconsejarle: «Señor, si el profeta le hubiera mandado hacer algo complicado, ¿usted no le habría hecho caso? ¡Con más razón si lo único que le dice a usted es que se zambulla, y así quedará limpio!» Así que Naamán bajó al Jordán y se sumergió siete veces, según se lo había ordenado el hombre de Dios. ¡Y su piel se volvió como la de un niño, y quedó limpio! Luego Naamán volvió con todos sus acompañantes y, presentándose ante el hombre de Dios, le dijo:

Paso 4: Decisión

-Ahora reconozco que no hay Dios en todo el mundo, sino sólo en Israel. Le ruego a usted aceptar un regalo de su servidor.

Naamán era el jefe del ejército del rey de Aram (Siria). Era un hombre respetado y un soldado valiente, pero tenía lepra. De su vida y situación, podemos obtener por lo menos seis lecciones que cambian la vida. Las podemos aprender ya que están directamente conectadas con nuestras finanzas.

Seis lecciones que le pueden cambiar la vida.

Lección #1. Nadie es inmune a los problemas.

No importa si usted es un jefe del ejército, el director general de una compañía de renombre o el empleado de una enorme congregación. Nadie está exento de problemas. Naamán tenía lepra. ¿Cuál es el problema que usted padece?

Lección #2. Dios echará mano de fuentes inimaginables para darnos lo que necesitamos.

En el caso de Naamán Dios utilizó a una sierva israelita para guiarlo a encontrar la cura contra su enfermedad.

Lección #3. La respuesta a nuestros problemas no siempre será aquello que queremos oír.

¿No suena interesante esto? No siempre será lo que *queremos* oír. Eliseo le dijo a Naamán: "Ve y zambúllete siete veces en el río Jordán".

Lección #4. Nos sentiremos tentados a trazar nuestro propio plan.

Con frecuencia Dios nos señala que hagamos algo de cierta manera pero nosotros decimos: "Sí, claro, pero yo lo voy a intentar a mi manera". Siempre estamos tratando de modificar lo que él nos pide. Naamán se enojó por lo que escuchó y trazó su propio plan. Dijo: "¿Acaso los ríos de Damasco, el Abaná y el Farfar, no son mejores que toda el agua de Israel?" ¿Conoce usted a alguien que reacciona así?

Pasos al éxito financiero

Lección #5. Nuestros amigos sabios siempre nos alentarán a hacer lo que Dios quiere que hagamos.

Una de las mejores formas para determinar si alguien es un verdadero amigo es: Esa persona siempre dirá lo que usted debe oír, no lo que usted quiere oír. Los amigos y siervos de Naamán acudieron a él para alentarlo a que hiciera lo que el profeta le había dicho que hiciera.

Lección #6. La manera de Dios siempre es la correcta.

Por fin, Naamán hizo lo que se le dijo y fue sanado. Hay una gran seguridad en la obediencia. Jamás se va usted a arrepentir por haber obedecido a Dios. Yo jamás he estado con alguien, al final de su vida y de haber seguido y haberle sido fiel a Dios, que afirme: "Cómo me habría gustado no haber sido tan bueno. Cómo me habría gustado no haber hecho todo correctamente. Cómo me habría gustado no haber vivido una vida santa. Cómo me habría gustado no haber hecho todo lo que hice para Dios". ¿Sabe usted lo que yo he escuchado cientos y cientos de veces? "Si pudiera hacer todo nuevamente, lo haría muy diferente. Viviría para Dios. Cómo me gustaría haber seguido su plan".

Permítame compartir con usted algo acerca de la obediencia. La obediencia siempre requiere dos cosas, sin excepción alguna.

La número uno es la fe. La obediencia a Dios siempre requerirá de fe por parte nuestra. Literalmente, la fe significa: ¿Puedo confiar en que cumpliré con esto? ¿Tengo la fe para confiar en Dios? Esto suena increíble. No sé cómo va a salir todo. Dios me está llamando a hacer esto, pero ¿puedo confiar en él?" Se requiere de fe. El asunto es: ¿Estoy dispuesto a confiar en Dios y hacerlo a su manera?

La número dos es fidelidad. La obediencia requiere de nuestra fidelidad. Usted tiene que preguntar: "¿Puede Dios encargarme a mí de esto?" En otras palabras: ¿Estoy dispuesto a permanecer y llevar todo a un buen fin?

Todos somos muy buenos en iniciar algo. Cada enero hay millones de personas que pasan por el rito de hacer sus compromisos de año nuevo. Tienen una lista enorme de nuevos compromisos. Es el tiempo propicio cuando todos queremos empezar a hacer cosas que ansiamos cumplir. Pero la mayoría de las veces todavía ni siguiera es mediados de febrero y ya nos hemos olvidado de los compromisos de año nuevo. Se requiere de fidelidad. ¿Permaneceremos firmes usted y yo hasta el final, hasta ver esto realizado?

Esté usted preparado

Cuando usted decida salir de deudas y ponga en orden sus finanzas, por lo menos sucederán tres cosas:

1. *Cuando usted tome la decisión de seguir el plan de Dios, va a haber momentos que se va a desanimar.*

Se lo diré sin rodeos, se va a desanimar. Va a mirar que otros se compran coches nuevos, se compran ropa nueva y remodelan o le agregan a su casa. Sus vecinos van a regresar de vacaciones a Cancún y ese tipo de cosas lo van a desanimar. Usted se sentirá tentado a decir: "¿Por qué estoy haciendo todo esto? ¿Por qué estoy siendo tan severo conmigo mismo y me estoy disciplinando de esta manera? ¿Por qué estoy dispuesto a padecer tantas carencias pero a los demás los veo muy felices?" Prepárese antes de tiempo. Habrá momentos de desánimo que le atormentarán.

2. *Usted se va a distraer.*

Va a enfrentar momentos de raciocinio que lo van a distraer. Usted se dirá: "Tenemos que reparar el coche, los niños quieren ir a ese viaje de excursión de la escuela, todos necesitamos zapatos nuevos, etc." Las distracciones llegarán y si usted no pone sumo cuidado, sus pensamientos van a sonar convincentes y usted se puede salir del camino y el diablo nuevamente lo va a subyugar a la misma esclavitud.

3. *Siempre habrá difamadores.*

Siempre habrá gente que se burlará de usted. Mis

Pasos al éxito financiero

ataques más fuertes han venido de miembros de mi familia. (No mi familia inmediata porque a esta le he dicho que si no les gusta algo, se pueden ir de la casa.) Pero no puedo controlar a los familiares lejanos, los cuales siempre tienen "una mejor manera de manejar tu vida que tú mismo". Hay ocasiones que son tus amigos los que te difaman, pero a veces son tus compañeros de trabajo. Pueden sugerir cosas y sus argumentos casi siempre van a sonar bien. En menos de lo que lo piensa, hasta usted va a parecer convencido y tenga mucho cuidado porque puede estar equivocado. Esté preparado para esto antes de que suceda. Usted se debe mantener enfocado en su meta de salir de deudas y en quedar libre de su estrés financiero.

Usted fue llamado al camino correcto

En octubre del año 1999, la congregación tenía serios problemas financieros. Necesitaba salir de deudas y ampliar el edificio de la iglesia. Como líderes oramos pidiendo la dirección de Dios en cuanto a qué hacer. Tuvimos una buena cantidad de empresas administradoras de dinero que nos llamaron para darnos sus consejos. Por tres años estuvieron insistiendo en que debíamos hacer una campaña de compromiso. Estas firmas financieras nos decían: "Podemos ayudar a la congregación. Lo que podemos hacer es comprometer a los miembros de la iglesia a que aporten cierta cantidad de dinero y así saldrán de este problema financiero". Tengo que admitirlo, yo no me siento a gusto con este tipo de campañas. Tienen el bonito nombre: Campañas de la mayordomía del capital. Nos dispusimos a hacerlo teniendo en mente que saldríamos de deudas, entonces debemos hacerlo.

Firmamos un contrato con una compañía profesional en el área de levantamiento de fondos. Uno de sus representantes acudió a la congregación y tuvimos una reunión inicial donde todos nos sentíamos un poco a disgusto por lo que estábamos haciendo. No podía explicarlo, pero sabía que algo estaba mal. Después de la reunión, algunas de las personas que estuvieron presentes me preguntaron, en privado, por qué utilizábamos a

Paso 4: Decisión

un profesional en este asunto. Dos de ellos me dijeron: "Usted debe hacer la campaña porque es usted quien le está indicando al profesional qué hacer. ¿Por qué lo trajimos?"

Pensé: "Tal vez deba yo quedarme callado en la siguiente reunión". Llegó la siguiente cita con el profesional y casi todos los asistentes estaban más resueltos a rechazar las ideas de tal persona. Dijeron: "Creemos firmemente que no debemos estar haciendo esto". Mientras yo los escuchaba, tuve una idea perturbadora. "¿Está entre nosotros la sierva de Naamán? Estoy esperando hacer las cosas a mi manera cuando Dios tiene otra forma de hacer las cosas y quiere que las hagamos a su manera? ¿Necesito escuchar a esta gente porque Dios quiere que lo hagamos de una manera totalmente distinta?" Decidí orar y ayunar. Al hacerlo, Dios me lo mostró de una manera muy clara: "Primero tienes que ayudar a los miembros de la congregación (la iglesia) a salir de deudas. Luego, tendrán todo el dinero que necesitarán para hacer las cosas que yo quiero que ustedes hagan".

Cancelamos el contrato con la empresa de levantamiento de fondos. A pesar de que nos costó unos miles de dólares para revocar el contrato, y hasta hoy día no nos hemos quejado de haberlo hecho. Decidimos bien.

Unos meses después, todo este asunto de las deudas me agobiaba mi corazón de camino a casa después del trabajo. Era diciembre y yo había recibido mi aguinaldo. Le pregunté a mi esposa qué quería hacer con mi aguinaldo. Ella sugirió que lo usáramos para pagar deudas atrasadas. Hasta teníamos cobros de servicios que aún no habían sido cubiertos.

Reaccioné bruscamente enfatizando que teníamos más cobros que la cantidad del aguinaldo y con coraje (sí, sé que los pastores no deben mostrar sus emociones, pero yo estaba sumamente molesto) eché al suelo los recibos por pagar y le dije a mi esposa que "estaba yo cansado de vivir así" (siendo manejado por las deudas y viviendo endeudado siempre). Subí los peldaños de la escalera al segundo piso a pasos agigantados y resonándolos para desquitar mi rencor. Después de unos minutos regresé a la cocina y miré en el piso todos los recibos por pagar. Los levanté y me regresé al edificio de iglesia.

Pasos al éxito financiero

Entré a mi oficina y saqué todos los libros que tenía en cuanto a las finanzas y las deudas. Tomé un libro de Larry Burkett titulado *La vida libre de deudas*. Cuando lo abrí, observé la fecha en la parte superior del libro. (Siempre que empiezo a leer un libro le pongo la fecha de arranque en la parte superior derecha.) Yo le había puesto "31 de julio del año 1989". De pronto, recordé lo que pasaba en ese año. Yo estaba pastoreando una iglesia en el estado de Florida, E.U.A. En la congregación estábamos mirando y estudiando unos videos de Larry Burkett. Cada noche los mirábamos y el lugar estaba a reventar de gente. La gente se interesaba por salir de deudas y estaban preocupados por cómo salir del mugroso problema en el que estaban metidos. Todos mis conocidos acudían. Había parejas jóvenes y parejas de adultos. El lugar estaba repleto.

Todos estábamos ansiosos mirando estos videos de cómo salir de deudas. Como resultado de esa serie, Janis y yo hicimos serios compromisos respecto de nuestras finanzas. Cancelamos cablevisión, la suscripción al periódico, ya no salimos a comer fuera de la casa, empezamos a comer alimentos más baratos y las cosas marchaban de maravilla. Estábamos sumidos en deudas, pero con la aplicación de los principios divinos, pagamos ambos coches y toda deuda de tarjetas de crédito. Fue un verdadero milagro salir de nuestras deudas. Dios nos sacó de nuestras deudas. Pudimos hacer pagos extra de la casa y ya casi pagamos el préstamo en su totalidad. Fue un gran momento en nuestras vidas. Hasta les dije a algunos de nuestros amigos que "en los años 80 yo vivía como un rey".

Después de hojear el libro en mi oficina, recordando lo que fue 1989, sumé todos los recibos por pagar. (Recuerde usted que en este momento estoy hablando de diciembre de 1999, diez años después.) Saqué mi calculadora y empecé a sumar. Mientras lo hacía, me di cuenta que ahora, diez años después, estábamos diez veces más endeudados de lo que habíamos estado en 1989. Parecíamos más exitosos, vivíamos en una mejor casa, conducíamos coches más vistosos, vestíamos mejor. Pero la realidad era que ahora estábamos más endeudados que hace diez años atrás. Desgraciadamente, aunque parecía que habíamos progresado, y en verdad nos veíamos mejor, la verdad era que estábamos peor.

Paso 4: Decisión

Mientras estaba sentado, pensaba que dentro de dos años tendría a dos de mis hijos en la universidad, pronuncié algo intensamente espiritual: "¡Esto es una locura!" Y (¿está usted listo para oír esto?) el pensamiento me llegó como golpe. El hecho de tener todos los mejores libros sobre finanzas y la administración del dinero no me sirve. El hecho de tener todos los principios correctos y todas las mejores cintas de audio con sermones acerca de la administración del dinero no nos sirve. ¡Tenemos que tomar una decisión y tiene que ser ahora mismo!

Renové mi compromiso con Dios. Le dije: "Voy a aplicar estos principios y nuevamente voy a empezar a hacer lo que es correcto en cuanto a mis finanzas y seré fiel sin importar lo que suceda a mi alrededor".

Reuní a mi familia en una reunión especial, que como familia con afecto llamamos "ven al Señor Jesús". Les dije: "Adivinen qué: Damas, caballeros y niños. ¡Vamos a salir de deudas! Y vamos a tener que hacer algunos cambios". Esto nos condujo a una serie de reuniones "ven al Señor Jesús". Algunas de ellas fueron improvisadas y otras fueron de un tono bastante fuerte, más de lo normal. Finalmente, mi familia también captó la idea. Se dieron cuenta qué tan en serio hablaba yo y que no me iba a dar por vencido tan fácilmente. Así que, ¡también mi familia hizo el compromiso de salir de deudas!

Cuando regresé a mi oficina, puse el libro de Larry Burkett (fechado en el año 1989) sobre mi computadora porque yo quería un recordatorio diario que jamás daría un paso atrás financieramente hablando. Yo iba a salir de deudas. Los principios sí funcionan. Yo debo ponerlos en acción en mi vida. Es como el Señor Jesús lo dijo: "Y conocerán la verdad, y la verdad los hará libres" (Juan 8:32). No es la verdad la que lo pone a usted en libertad, sino que es el conocimiento de que ella puede y usted decide en qué momento hará que eso sea una realidad en su vida. Todos tenemos Biblias, pero no basta con tenerlas. Debemos practicar lo que dice. Tenemos que tomar la decisión que sí, lo vamos a hacer.

¿Cómo nos desviamos de donde estábamos en 1989? Muy fácilmente. Nos desanimamos, nos distrajimos y les pusimos atención a los difamadores. Siendo honestos, cuando yo miré la fecha escrita en el libro de Burkett, me sentí tentado a ya no escribir las fechas en los libros que empiezo a leer. Esa es una manera que puedo ocultar el problema, pero eso sería como la luz de advertencia en el tablero del coche que avisa de los problemas. Podemos cortar los cables para que ya no se prendan las lucecitas en el tablero o podemos hacerles caso y arreglar el problema.

Dios jamás nos llama a caminar por un camino fácil, a la pereza, a una vida de ocio o a lo más conveniente. Siempre nos llama a lo correcto. Nuestro trabajo es decidir escucharle y hacerle caso. Nuestra responsabilidad es obedecerle y hacer lo que él nos pide que hagamos. Cuando somos obedientes, tenemos seguridad. Cuando aplicamos los principios divinos, de la manera que quiere Dios, siempre obtendremos los resultados que Dios quiere.

Siete estrategias simples para salir de deudas

A continuación planteo algunas estrategias sencillas que le pueden ayudar a salir de las deudas y que le pueden librar del estrés y las dificultades financieras.

1. *Confíe en Dios.*

Mateo 6:33 dice: "Más bien, busquen primeramente el reino de Dios y su justicia, y todas estas cosas les serán añadidas".

2. *Diezme.*

Sin duda alguna, esta es la clave maestra al éxito financiero. Cada cristiano debe ser un diezmador fiel y constante. Permítame compartir con usted por qué en mi familia no hemos estado en peores situaciones económicas de lo que hemos estado. Siempre nos hemos diezmado. Hemos sido fieles en este aspecto de nuestras vidas. Desde niño, yo he diezmado fielmente. Pero el hecho de diezmar no es suficiente. Usted tiene que controlar su forma de gastar y cumplir con las

Paso 4: Decisión

otras cosas que Dios quiere que usted haga.

Quiero plantear un reto a cada negociante que está leyendo este libro. Cada cristiano debe ser un buen diezmador y cada dueño de un negocio debe diezmar del sueldo que se asigna a sí mismo. Sin embargo, a usted que es un hombre o mujer de negocios, permítame retarlo a "llevar la carga el doble de recorrido del que se le pide" (Mateo 5:41). Le reto a que también diezme de las ganancias que obtiene en su negocio. Usted podría preguntar: "¿Por qué lo debo hacer?" Porque he visto lo que eso ha logrado hacer en la congregación. Es una decisión sabia.

Cada dirigente, anciano, diácono, maestro de escuela dominical, trabajador de la congregación es un diezmador. Pero, ¿sabe usted algo más? También apartamos el diezmo de las ofrendas que se recogen cada domingo. Desde que empezamos a hacerlo, hace ya algunos años, Dios ha bendecido la congregación de una manera sorprendente, fenomenal. La misma bendición personal que tenemos también es bendición a todo el cuerpo, la iglesia. De hecho, hemos decidido como congregación, que no ayudaremos ni beneficiaremos a nadie con nuestras finanzas si no se trata de una persona u organización que diezme. ¿Por qué? Porque si un individuo puede estar bajo maldición por no diezmar, también lo puede estar todo un ministerio u organización (Malaquías 3:9).

Quiero retarlo a que considere lo anterior como una posibilidad. Las mismas bendiciones que usted recibe por diezmar, también las puede recibir su negocio si usted diezma de los ingresos obtenidos. Simplemente considere lo que pasaría si todos los dueños de los negocios y las empresas empiezan a diezmar de lo que ganan durante la semana. ¿Podría ser usted el ejemplo a seguir? ¿Podría empezar a diezmar a partir de esta semana de las ganancias de su negocio?

3. Ponga por escrito un presupuesto.

Lucas 14:28-29 dice: "Supongamos que alguno de ustedes quiere construir una torre. ¿Acaso no se sienta primero a calcular el costo, para ver si tiene suficiente dinero para

Pasos al éxito financiero

terminarla?" ¿Entiende usted a lo que se refiere el Señor Jesús? "¿No hará un presupuesto este constructor? ¿No pondrá por escrito su plan?" Lucas continúa: "Si echa los cimientos y no puede terminarla, todos los que la vean comenzarán a burlarse de él". Jesús nos anima a planear, prepararnos y formularnos una estrategia.

- a. **Usted necesita desarrollar un archivo denominado "salga de las deudas".** ¿Qué es un archivo "salga de las deudas"? Es un archivo que le va a recordar cómo salir de deudas. Cada vez que lo vea, usted se acordará que tiene como meta salir de deudas. Es un recordatorio necesario para que usted procure salir de deudas. ¡Es necesario tener tal archivo!

- b. **Tanto el esposo como la esposa necesitan revisar periódicamente sus finanzas.** Si usted revisa periódicamente para ver sus deudas y sus recibos por pagar, esto hará que usted verdaderamente reduzca sus gastos. Confíe en mí. Hay ocasiones en que la persona encargada de pagar los recibos por cobrar es la esposa o el esposo, pero esto hace que la persona que no está encargada ni se dé por enterada de lo que está pasando financieramente. Por ello, la persona que no paga los recibos sigue gastando y endeudando más a la familia cada día que pasa. La persona que hace todos los pagos lucha por cumplir con ellos, y como no quiere herir los sentimientos de la otra persona, no se queja señalando que no se puede continuar así. Así, cada día se va más al fondo por el peso de las constantes deudas que van en aumento. Esto se puede evitar si semanalmente se hace una revisión conjunta de las deudas, pagos y gastos de la casa.

- c. **Yo recomiendo que usted lea y escuche todo respecto a cómo salir de deudas.** La gente de la congregación, que ya pudo salir de deudas, me animan a mí constantemente en este respecto. Ellos están ansiosos de escuchar otro de mis sermones o leer otro libro en cuanto a la administración de las finanzas. Alguien diría:

Paso 4: Decisión

"Bueno, si ya está usted libre de deudas, ¿por qué se interesaría en leer o escuchar en cómo salir de deudas?" La respuesta es muy simple: Para no volver a caer en la trampa de las deudas.

4. Salga de las deudas.

Proverbios 22:7 afirma: "Los ricos son los amos de los pobres; los deudores son esclavos de sus acreedores". Salga de las deudas. Ya no siga siendo siervo de alguna institución financiera. Salga de las deudas y únicamente sea siervo de Dios.

- a. **¿Recuerda la palabra intereses?** No se olvide de su significado real. Si yo pago intereses, "ALGUIEN MÁS" está ganando dinero, no yo.

- b. **Estar endeudado y seguir comprando cosas es la manera más insensata de vivir.** No lo olvide jamás. No lo haga; no se siga endeudando para comprar más cosas. Ni siquiera piense en comprar algo si para ello se va a tener que endeudar.

- c. **No compre algo si no tiene el dinero en efectivo para hacerlo.** Si no puede pagar en efectivo, espérese. Sin embargo, esto quiere decir que no vamos a ser complacidos y eso no puede esperar. Nos gusta tener lo que queremos cuando lo queremos: En este mismo instante. Pero, mi estimado amigo, o usted paga ahora y juega después o juega ahora y paga después. Si usted juega ahora y paga después, tendrá que pagar intereses y ALGUIEN MÁS se enriquecerá, usted no.

- d. **Empiece por pagar sus deudas una a una a la vez.** Empiece a pagar sus deudas. Se requiere de disciplina para que suceda. A propósito, salir de deudas incluye terminar de pagar nuestras casas. He escuchado que algunas personas afirman: "Estoy libre de deudas". Yo les pregunto: "¿También está pagada su casa?" Responden: "No. Todavía no hemos terminado de pagarla". Entonces, realmente no está usted fuera de deudas. Larry Burkett afirma: "Le aconsejo a que usted acelere sus pagos hipotecarios para salir de deudas lo

Pasos al éxito financiero

más pronto que le sea posible. Yo creo que uno de los fundamentos de un buen plan financiero bíblico es tener una casa ya libre de deudas. Esta debe ser la meta de todo cristiano".[2] Salga de las deudas.

5. Empiece a ahorrar.

Proverbios 13:11 señala: "El dinero mal habido pronto se acaba; quien ahorra, poco a poco se enriquece".

   a. **Siempre gaste menos de lo que gana.** Si usted siempre gasta menos de lo que gana cada semana, saldrá de deudas y tendrá libertad financiera en su vida.

   b. **Fíjese como meta tener dinero de sobra antes de su siguiente pago.** Yo recibo mi dinero para la semana. Es decir, recibo una cantidad de dinero asignada para mí. Suena hasta ridículo, ¿no es así? Mi esposa recibe su dotación de dinero cada semana. Mis hijos reciben su parte cada semana. ¿Sabe usted cuál es mi meta y la meta que le trato de enseñar a cada miembro en mi familia? Que cada persona de mi familia tenga dinero en su bolsillo hasta el siguiente día en que reciban dinero. Es como adelantarse a la situación. Si usted lo logra hacer varias veces, podría ahorrar una buena cantidad de dinero para gastarlo en cosas que le agraden. Por ejemplo, un año pude comprar regalos para todos los de mi lista utilizando el dinero que ahorré porque me fue sobrando cada semana. Mi meta es terminar cada semana con algo de dinero extra en mi bolsillo. No es tan difícil y los beneficios son asombrosos.

   c. **Una vez que usted haya entregado el diezmo a Dios, trate de ahorrar un 10% para usted.** Haga de cuenta que usted tiene una deuda consigo mismo y se la está pagando. Ahorre esta cantidad en una cuenta bancaria. De esta manera, usted acumulará rápido el dinero.

6. Propóngase tener un fondo para las emergencias.

Proverbios 6:6-11 menciona cómo la hormiga almacena cosas en el verano, y Salomón señala: "¡Anda, perezoso, fíjate

Paso 4: Decisión

en la hormiga! ¡Fíjate en lo que hace, y adquiere sabiduría!" La Biblia es clara. Necesitamos estar preparados para las emergencias.

- a. **Prepárese para la lluvia porque lloverá y usted debe estar preparado.**
- b. **No gaste su dinero de las emergencias en salidas a comer fuera de la casa o yéndose de vacaciones.** Esas no son emergencias; esas son indulgencias. Tenga un fondo única y exclusivamente para las emergencias.
- c. **Usted debe hacer su testamento.** Debe consultar con un abogado o notario para hacer su testamento. Debe procurar hacer esto cuanto antes. No sea como aquellas personas que dicen: "No tengo muchas cosas. ¿Para qué necesito un testamento?" Usted necesita hacer su testamento. Una de las mejores inversiones que usted puede hacer es elaborar su testamento. Haciéndolo así protegerá a toda su familia. Le recomiendo que ponga en su testamento que el diez por ciento del valor que tiene irá a parar a la congregación local donde usted se congrega. (Yo así lo he declarado). ¿Por qué? Porque cuando ya no estemos en esta tierra, queremos que Dios bendiga la administración de nuestros bienes. Esto nos da la oportunidad, a pesar de estar muertos, de reconocer su soberanía y señorío en nuestras vidas y tal vez tengamos nuevamente la oportunidad de decir: "Gracias Dios por tus bendiciones financieras que has depositado en nuestra familia".

7. No se rinda o dé por vencido.

Que nada ni nadie lo distraiga porque entonces usted podría rendirse o darse por vencido. En Lucas 9:62, Jesús señala: "Nadie que mire atrás después de poner la mano en el arado es apto para el reino de Dios". ¿Recuerda usted a Naamán? No fue asunto de sumergirse o no, sino de obediencia. Obedeció a Dios y Dios lo bendijo.

Mi sueño por la congregación donde yo estoy y por

Pasos al éxito financiero

todas las iglesias de Estados Unidos de Norteamérica (y todas las demás que leen este libro) tiene un doble propósito. El primero es lograr que cada cristiano salga de deudas. El segundo es llegar a tener una generación de cristianos diezmadores de toda la vida. Porque si yo le puedo enseñar y comprometer a diezmar, lo tendré justo "donde cae el chorro de las bendiciones". Dios lo bendecirá sin importar lo que suceda en el futuro.

... del archivo: Salga de las deudas
(Ideas simples que lo animarán a salir de sus deudas)

A continuación le doy algunas recomendaciones para que usted goce de las festividades navideñas y no mirarlas con desagrado al llegar enero.

1. No permita que salir de compras tenga prioridad por encima de la adoración a Dios. Si así lo hacemos, nos perdemos por completo el significado del nacimiento de Jesús.

2. No trate de impresionar a nadie o comprar cosas más lujosas o caras que los demás cuando hace sus compras navideñas.

3. No cargue a su tarjeta de crédito los regalos que compre para los demás. Es cierto que tal vez usted no compre mucho, pero tampoco sufrirá y llorará amargamente cuando le lleguen los cobros.

4. Regale cosas prácticas y útiles que suplan necesidades en vez de malgastar el dinero en regalos superfluos que la gente regresará a la caja y los guardará en el ropero, clóset, bodega, ático o que venda en su próxima venta de cosas estorbosas e inservibles.

5. Asegúrese que sea Dios quien esté en primer lugar de sus prioridades de fin de año. (Después de todo estamos celebrando su nacimiento como humano). Si usted da a la iglesia en la nochebuena es una muy buena ocasión para mostrarles a sus hijos lo que realmente significa la navidad. Su familia sigue su ejemplo.

6. Tómese el tiempo para estar con su familia. Preparen

Pasos al éxito financiero

galletas navideñas juntos, salgan a contemplar las luces y decoraciones navideñas, miren una película navideña juntos y promueva actividades de la temporada en familia.

7. Siga enfocado en su meta de quedar libre de deudas. No permita que sus emociones y *el espíritu dadivoso* de la época lo distraigan y usted se gaste lo que no tiene en cosas que no necesita o porque tiene que regalar algo.

8. Tómese el tiempo para agradecerle a Dios por todas sus bendiciones recibidas y para reflexionar por el año que termina.

9. Recuerde que el mejor regalo que puede ofrecer, especialmente a su propia familia, es USTED.

Plan de acción

Líbrese de la esclavitud que produce el estrés y la deuda financiera. Durante la navidad, vaya a una librería cristiana y revise el material y libros en cuanto a la administración de su dinero, practicando la mayordomía bíblica y salir de deudas. Esos sí serán regalos navideños significativos para sus amigos y familia.

Paso 5
Ánimo

"He aquí la realidad pura y clara: Dios dice:
'tú me das todo y yo te cuidaré.
O puedes quedarte con todo y tú encárgate de
cuidarte a ti mismo'".

—John Maxwell

Una de las ironías trágicas de la vida es que el dinero y las posesiones jamás nos pueden satisfacer. Sin embargo, muchos buscan obtenerlos a todo costo. Por otro lado, Dios nos puede satisfacer y suplir todo lo que necesitamos. Pero mucha gente sigue sin creerlo.

Tal vez lo siguiente sirva de ánimo para usted.

La Biblia responde a cinco preguntas cruciales

1. ¿De dónde vienen todos los recursos del mundo?

"Del SEÑOR es la tierra y todo cuanto hay en ella" (Salmo 24:1).

2. ¿Cómo puedo obtener esos recursos?

"Recuerda al SEÑOR tu Dios, porque es él quien te da el poder para producir esa riqueza . . ." (Deuteronomio 8:18).

3. ¿Cuándo puedo obtener esos recursos?

"Den, y se les dará" (Lucas 6:38).

4. ¿Quién decide cuantos de esos recursos recibiré?

"Se les echará en el regazo una medida llena, apretada, sacudida y desbordante" (Lucas 6:38).

5. ¿Podré ser libre de los problemas financieros?

"La bendición del SEÑOR trae riquezas, y nada se gana con preocuparse" (Proverbios 10:22).

Billy Graham dijo: "Si una persona se corrige y se forma una actitud correcta frente al dinero, esto le ayudará a tener bien todas las áreas de su vida". ¿Tiene usted la actitud correcta ante el dinero? ¿Está usted confiando en Dios? Siempre me ha maravillado que la gente está más que dispuesta en confiarle a Dios su salvación eterna, pero cuando se trata de sus finanzas se incomodan. (¿Qué hay de malo con todo esto?)

Martín Lutero dijo: "Existen tres conversiones: El corazón, la mente y la cartera". Hasta que aprendamos a confiar en Dios con nuestro dinero, realmente no hemos sido convertidos. Juzgando por el promedio del dar de los cristianos en los Estados Unidos de Norteamérica (que, de acuerdo con los estudios realizados recientemente, es menos del 3% de nuestro ingreso anual), tenemos mucha gente inconversa en nuestras congregaciones.

Paso 5: Ánimo

Cinco razones del porqué la gente no le confía a Dios sus finanzas

1. Por ignorancia

Realmente ignoran qué hacer.

2. Por desobediencia

Sí saben lo que deben hacer, pero deciden desobedecer a Dios.

3. Por egoísmo

No les importa lo que Dios dice y quieren todo para ellos.

4. Por preocupación

Tienen miedo de confiar en Dios y caminar por fe.

5. Por inmadurez

No han madurado lo suficiente hasta encontrarse en el lugar donde su relación con Dios sea tal que puedan confiar en que él puede hacer lo que dijo que haría.

¿Permitiría usted que el presidente de un banco fuera ladrón? Claro que no. Entonces, ¿por qué permitimos que las personas que dirigen la iglesia sean ladrones y salteadores? Nadie que fuera sensato pondría su dinero en un banco donde se supiera que el presidente fuera un saqueador. A pesar de ello, las congregaciones permiten que haya líderes que no le regresan a Dios su diezmo de manera fiel y comprometida. ¿Podría esto ayudarnos a explicar, por lo menos en parte, del porqué sigue la plaga de los problemas y luchas financieras entre nuestras congregaciones?

En Malaquías capítulo tres, Dios hace hincapié tajantemente que le estamos robando cuando no traemos y le presentamos los diezmos en su bodega. Si cada cristiano debe ser un diezmador, y sí lo debe ser (dando a Dios por lo menos el 10% de sus entradas semanales), entonces ciertamente cada líder de la congregación también debe ser un diezmador. De hecho, los líderes deben ser diezmadores para que así quede

Pasos al éxito financiero

asentado y registrado, poniendo el buen ejemplo a toda la iglesia.

Larry Burkett afirma:

> La palabra "diezmo" literalmente significa un diez por ciento. Dado que esta es la cantidad mínima mencionada en la Biblia, asumimos que esta es la cantidad mínima que Dios está requiriendo de un creyente en él. Si ni siquiera podemos regresarle a Dios la mínima parte que le corresponde, es claro que el total tampoco se lo hemos rendido a sus pies. En el libro de Malaquías, el profeta confronta al pueblo de Dios con el hecho de que no aman a Dios. Sin embargo, se jactaban y vociferaban que lo amaban. La evidencia estaba en su contra: No diezmaban. Este es el único pasaje de la Biblia donde Dios le dice a su pueblo que lo prueben. Además, este texto bíblico muestra claramente el principio de diezmar. Es un indicador exterior de la condición espiritual interior. Es nuestro testimonio de que Dios es el dueño de toda nuestra vida.[1]

Si usted no está diezmando, empiece esta misma semana como señal de su obediencia a Dios. La obediencia a Dios nos trae muchos beneficios. Si usted ocupa una posición de liderazgo en la congregación y no está diezmando, debe retirarse de tal cargo hasta que usted empiece a obedecer a Dios en esta área tan crítica de su vida. ¿Por qué? Malaquías 3:9 señala: "Ustedes –la nación entera- están bajo gran maldición, pues es a mí a quien están robando". Al igual que Acán (Josué capítulo 7), quien por su proceder y propia mano apartó de toda la nación de Israel las bendiciones de Dios, también usted puede estar poniendo a toda la congregación o ministerio en una posición donde Dios no pueda derramar sus bendiciones a causa de su desobediencia.

Los líderes deben diezmar para que así quede registrado y como "buen ejemplo para todo el pueblo de Dios bajo su cargo". Aquellos que se rehúsan a diezmar o que no quieren aparecer como diezmadores en los registros contables de la congregación o que se rehúsan a dar cuenta de sus diezmos no deben ser dirigentes en las iglesias de Cristo o en cualquier otra organización o ministerio que representa a Dios aquí en la tierra.

Siete leyes de la prosperidad

Usted no puede violar ninguna de estas leyes y esperar que Dios lo bendiga financieramente. Son las siguientes:

1. La ley de la siembra y la cosecha (2 Corintios 9:6).

"Recuerden esto: El que siembra escasamente, escasamente cosechará, y el que siembra en abundancia, en abundancia cosechará". Si usted no siembra nada, no cosechará nada. Usted cosechará lo que haya sembrado. Usted cosechará más de lo que siembra y cosechará después de haber sembrado.

2. La ley de las bendiciones (Salmos 1:1-6).

Dichoso el hombre
    que no sigue el consejo de los malvados,
    ni se detiene en la senda de los pecadores
    ni cultiva la amistad de los blasfemos,
sino que en la ley del SEÑOR se deleita,
    y día y noche medita en ella.
Es como árbol
    plantado a la orilla de un río
que, cuando llega su tiempo, da fruto
    y sus hojas jamás se marchitan.
    ¡Todo cuanto hace prospera!

En cambio, los malvados
    son como paja arrastrada por el viento.
Por eso no se sostendrán los malvados en el juicio,
    ni los pecadores en la asamblea de los justos.

Porque el SEÑOR cuida el camino de los justos,
    mas la senda de los malos lleva a la perdición.

Las bendiciones vendrán con la obediencia. Jamás olvide esto.

Pasos al éxito financiero

3. **La ley del origen (Santiago 1:17).**

    "Toda buena dádiva y todo don perfecto descienden de lo alto, donde está el Padre que creó las lumbreras celestes, y que no cambia como los astros ni se mueve como las sombras". Deuteronomio 8:18 afirma: "Recuerda al SEÑOR tu Dios, porque es él quien te da el poder para producir esa riqueza; así ha confirmado hoy el pacto . . . ." Todo tiene su origen en Dios.

4. **La ley de la generosidad (2 Corintios 9:10-11).**

    "El que le suple semilla al que siembra también le suplirá pan para que coma, aumentará los cultivos y hará que ustedes produzcan una abundante cosecha de justicia. Ustedes serán enriquecidos en todo sentido para que en toda ocasión puedan ser generosos, y para que por medio de nosotros la generosidad de ustedes resulte en acciones de gracias a Dios". Dios siempre se manifestará generoso con aquellos que son generosos a su obra.

5. **La ley de la determinación (Lucas 6:38).**

    "Den, y se les dará: se les echará en el regazo una medida llena, apretada, sacudida y desbordante. Porque con la medida que midan a otros, se les medirá a ustedes". Tanto usted como yo determinamos el nivel de nuestras bendiciones.

6. **La ley de las primicias (Proverbios 3:9-10).**

    "Honra al SEÑOR con tus riquezas y con los primeros frutos de tus cosechas. Así tus graneros se llenarán a reventar y tus bodegas rebosarán de vino nuevo". Cuando le damos a Dios lo mejor, nuestras primicias, sus bendiciones se derraman hasta reventar en nuestras vidas.

7. **La ley de la confianza (Malaquías 3:8-10).**

    »¿Acaso roba el hombre a Dios? ¡Ustedes me están robando! Y todavía preguntan: "¿En qué te robamos?" En los diezmos y en las ofrendas. Ustedes -la nación entera- están bajo gran maldición, pues es a mí a quien están robando. »Traigan íntegro el diezmo para los fondos del templo, y así habrá

Paso 5: Ánimo

alimento en mi casa. Pruébenme en esto -dice el SEÑOR Todopoderoso-, y vean si no abro las compuertas del cielo y derramo sobre ustedes bendición hasta que sobreabunde.» No es asunto de la contabilidad. Es asunto de la actitud. ¿Verdaderamente confiamos en Dios?

El señor John Templeton, uno de los inversionistas y consejero de inversiones más respetado del mundo, dijo que han habido innumerables personas que a través de los años le han preguntado: "¿Cuál es la mejor inversión?" Él señala que jamás ha dudado ni una pizquita en contestar con su respuesta más sorprendente: diezmar. He aquí lo que él escribió: "En todos mis cincuenta y dos años de consejero de inversiones, antes de jubilarme, ayudé a la gente, literalmente a cientos de miles, a administrar sus riquezas. En todos esos años solamente un tipo de inversión jamás falló: diezmar. Lo cual significa darle a la iglesia por lo menos el diez por ciento de sus ingresos. En toda mi vida he contemplado familias que por diezmar han llegado a ser prósperos y felices dentro de un periodo de diez años. Diezmar es la mejor inversión que una persona puede seleccionar".[2]

En Mateo 6:21, Jesús dijo: "Porque donde esté tu tesoro, allí estará también tu corazón". Tanto usted como yo, ¿realmente tenemos un corazón que se preocupe por las cosas de Dios? Si así es, nuestro dar lo mostrará.

Pasos al éxito financiero

... del archivo: Salga de las deudas
(Ideas simples que lo animarán a salir de sus deudas)

Implementando un sistema de recompensas

Una de las mejores formas para salir de deudas es implementar un sistema de recompensas en su familia. Permítame compartir con usted un ejemplo personal.

Hace años cuando mi familia vivía en la Florida, yo le hice la promesa a mi esposa Janis que cada navidad visitaríamos a su familia que vivía en Oklahoma. (Señores, sean cuidadosos con lo que prometen.) Obviamente que esto representaba gastar una gran cantidad de dinero cada año. Mi familia iba en aumento por tener más hijos. Para llegar allá teníamos que tomar avión, luego alquilar un automóvil y comprar los regalos navideños. ¿Cómo lo logramos? Siempre lo cargábamos a las tarjetas de crédito. Cada año era lo mismo. Luego, pasábamos el resto del año pagando todo.

Así lo hicimos por algunos años hasta que un cierto otoño le comuniqué a mi familia que ya no íbamos a seguir haciéndolo así. Compartí con mi familia que era una verdadera locura cargar a las tarjetas de crédito nuestras vacaciones, los regalos de navidad, etc. y pasarnos el resto del año pagando esos gastos. Además, ¡estábamos pagando intereses! Así que le anuncié a mi familia que esa navidad la pasaríamos en casa. No saldríamos de La Florida. Que si podíamos ahorrar el dinero para todo el viaje, iríamos a la navidad siguiente.

Bueno, ¿adivine usted lo que pasó? De alguna manera (¿milagrosa?), pudimos ahorrar más dinero del que necesitábamos para el viaje de la Florida a Oklahoma. Volvimos a viajar en avión, compramos mejores regalos que

Paso 5: Ánimo

cuando los cargábamos a las tarjetas de crédito, tuvimos dinero extra para gastar en otras cosas y hasta nos quedó dinero al terminar el viaje. A propósito, jamás hemos vuelto a cargar ningunas vacaciones a las tarjetas de crédito.

Plan de acción

Implemente usted un sistema de recompensas. Ahorre antes de que vaya a gastar el dinero y la recompensa no es tan sólo unas vacaciones libres de deudas sino que también tendrá la recompensa de no tener que pagar intereses. El sistema de recompensas funciona no tan sólo para las vacaciones sino para virtualmente todo lo que usted pudiera necesitar o querer. Y, es una gran forma de administrar sus recursos.

F Paso 6 ondos

"La mayordomía es usar los recursos otorgados por Dios para lograr las metas dadas por Dios".
—Ron Blue

Ya tenemos los recursos

¿Le sorprendería si yo le digo que Dios ya ha provisto los recursos para asegurar o garantizar que cada ministerio, misión, empresa cristiana, ministro y misionero cumplan con su trabajo en el mundo? ¿Suena descabellado? No soy el primero en afirmarlo. He aquí lo que dijo Larry Burkett: "Considere usted lo que acontecería en los Estados Unidos de Norteamérica si los cristianos realmente se comprometen con Dios. La organization Tumba Vacía Incorporado (organización cristiana de investigación y servicio) recalca que si los miembros de las iglesias en este país aumentaran su dar a un

Pasos al éxito financiero

promedio del diez por ciento (los estimados actuales son que los cristianos del país mencionado dan menos del 3%), habría dinero extra por la cantidad de 69 mil millones dólares para misiones internacionales".[1] ¡Eso sería para misiones únicamente! También se calcula que, si estos cristianos realmente diezmaren, habría un aproximado de 150 mil millones de dólares de entradas a los diezmos.

Piénselo. Estas no serían ofrendas especiales. Ni ninguna campaña de levantamiento de fondos. Serían cristianos que de manera sencilla y fiel obedezcan a Dios y le presentaren sus diezmos en su "bodega" cada semana. Todo esto daría como resultado tener 219 mil millones de dólares extra para el reino de Dios. Se calcula que en la actualidad hay un total de 350.000 congregaciones en los Estados Unidos de Norteamérica. Eso implicaría que cada iglesia tendría una entrada adicional de 625.714,29 dólares. ¿Podría su congregación utilizar 625.714,29 dólares extra? ¡Claro que sí! Así que, ¿cómo lograremos que eso suceda? Tenemos que enseñarle a nuestra gente el sistema sobrenatural de Dios para proveer fondos para su obra aquí en la tierra.

[**Nota del editor:** Lo menionado es la responsiblidad y posiblidad de la iglesia en los Estados Unidos de Norteamérica. Sin embargo, el principio es para seguidores del Dios verdadero en todo el mundo. La realidad de usted quizás sea otra, pero dentro de esa realidad su responsibilidad es la misma. Todos los hijos de Dios debemos dedicar nuestro dinero y esfuerzo a la predicación mundial de las buenas nuevas. Entonces la pregunta es, ¿qué quiere Dios de usted, de su iglesia local, de la iglesia nacional de su país para advanzar la misión del Señor en el mundo?]

Hace poco tiempo yo escuché la historia de Sam Houston, el hombre famoso de Texas. Me dijeron que esta narración es verídica. Al parecer Sam estaba a punto de ser bautizado en un río, cuando el pastor le dijo: "Sam, cuando yo te zambulla en el agua, todos tus pecados van a salir de ti y se van a ir en el agua". Mientras Sam reflexionaba en su vida de borracheras, apuestas, mujeriego, etc. se agachó. El pastor le

Paso 6: Fondos

preguntó: "Sam, ¿qué haces?" Sam respondió: "estoy orando por aquellos que se encuentren río abajo".

Entonces el pastor dijo: "Sam, más vale que saques tu cartera de tu bolsillo o se va a mojar". A lo que Sam respondió: "No lo voy a hacer. Si yo me estoy bautizando, también quiero que mi cartera lo haga junto conmigo".

¡Si algún día queremos alcanzar el potencial financiero en nuestras vidas, nuestras congregaciones, nuestros ministerios y en nuestra habilidad para financiar causas misioneras mundiales, tenemos que bautizar también nuestros billeteros! El Dr. Homer G. Lindsay, pastor retirado de la nombrada iglesia bautista en Jacksonville, Florida, dijo: "Me he percatado, en todos mis años de ministerio, que si la gente no sale victoriosa respecto a diezmar y además ofrendar, tampoco tendrán victorias en las otras áreas de sus vidas".[2]

Cuando yo llegué a Texas en agosto de 1992, la congregación apenas llegaba a la cantidad de 200 miembros en el culto del domingo por la mañana y las ofrendas llegaban a la cantidad de 3.300 dólares por semana y, el total de dinero que se daba a misiones al año era la cantidad de 14.366,31 dólares. La iglesia tenía una deuda bastante grande. Trece años más tarde la adoración matutina del domingo alcanza los 2.700 miembros. Las ofrendas alcanzan un promedio de 100.000 dólares a la semana. Hemos dado a misiones un total de 4 millones de dólares. Nuestras instalaciones están libres de deudas. Ya nos hemos pasado a ocupar otros edificios nuevos.

Ahora ocupamos un terreno de aproximadamente 58 hectáreas de extensión, ubicado en una carretera principal entre Dallas y Fort Worth. Nos cambiamos a este lugar en el verano del año 2004, pagando en efectivo por el terreno. Construimos unos edificios elegantes en la primera fase de la construcción, con un préstamo provisional que pedimos mientras se vendía la otra propiedad. El préstamo que pedimos fue de 15 millones de dólares. Con la forma de dar tan generosa de los congregantes, habríamos terminado de pagar en el año 2007. Hemos logrado todo esto sin tener que aventurarnos en una campaña especial para levantar fondos.

Pasos al éxito financiero

¿Qué hizo la diferencia? Le hemos enseñado a nuestros miembros el sistema sobrenatural de Dios para proveer fondos para su obra sobre la tierra: diezmar. ¿Son diezmadores todos los miembros de nuestra congregación? Todavía no. Pero nos dirigimos en esa dirección. Como usted puede apreciar de las estadísticas, aquellos que ya han aprendido a confiar en Dios al diezmar han ayudado a hacer la gran diferencia en los fondos que tenemos disponibles para nuestro ministerio. Y ni siquiera hemos hablado de las ofrendas todavía (dar más allá del diezmo) o lo que pasa cuando los miembros de la congregación y la congregación quedan libres de deudas. ¡Imagínese una bendición exponencial en el cuerpo de Cristo! No hay límite en cuanto a lo que Dios puede hacer a través de nosotros si tan sólo aprendemos a confiar en él en el área de diezmar y administrar nuestras finanzas de acuerdo a los principios encontrados en su palabra, la Biblia.

Henry Crowell, el fundador de la compala compañia "Quaker Oats", fue conmovido por un sermón predicado por Dwight L. Moody que hizo un compromiso con Dios digno de admiración. Dijo: "Señor, no puedo ser un predicador, pero puedo ser un buen hombre de negocios. Si me bendices con riquezas, las usaré en tu servicio". Por más de cuarenta años dio más del diezmo.

William Colgate huyó de su casa a la edad de 17 años. El primer dólar que ganó como empleado lo dio completito a Dios. Pronto, fue socio de la empresa donde trabajaba y terminó comprando la empresa "Colgate Palmolive". Su dar aumentó del 20 al 30 y al 40%. Más tarde, terminó dando todo su salario a Dios.

R. G. LeTourneau, diseñador y fabricante de maquinaria pesada, al final de su carrera invirtió los porcentajes y le daba a Dios el 90% y él se quedaba con el 10% para vivir. J. L. Kraft, dueño de la empresa "Kraft Cheese Company", fue un diezmador. El Sr. John D. Rockefeller fue un diezmador. J. C. Penney fue un diezmador. ¿Diezma usted? Si no, permítame desafiarlo a que usted acepte el reto de Dios y empiece a diezmar esta semana y continúe diezmando semanalmente por

Paso 6: Fondos

el resto de su vida. Cuando usted diezme, descubrirá que Dios es fiel y literalmente "abrirá las compuertas del cielo y derramará sobre usted bendición hasta que sobreabunde".

Cimientos sobre los cuales usted puede edificar

Una vez que hayamos establecido diezmar como uno de los cimientos de nuestras vidas y nuestras congregaciones, las posibilidades de ministerio son ilimitadas. A continuación planteo algunas recomendaciones de lo que enseguida debemos hacer.

1. Salga de deudas.

a. Personalmente. Dave Ramsay afirma: "Si usted se encuentra hundido en deudas, tendrá grandes dificultades para desplazarse sin importar qué tan fuerte sea su visión. Usted debe salir completamente de las deudas tan pronto como le sea posible para no malgastar su tiempo más creativo y su energía en salir del hoyo de deudas donde usted mismo se ha metido".[3]

b. Corporativamente (su congregación). Jeff Berg y Jim Burgess, en su excelente libro, *The Debt-Free Church* (*La iglesia libre de deudas*), escribieron: "Virtualmente en cada ministerio libre de deudas donde hemos hecho presentaciones en los últimos años se ha gozado en haber quedado libre de deudas. Pastores, los ancianos, los diáconos, los administradores y los miembros en general se alegran y animan cuando participan de un ministerio sano, bien balanceado y libre de deudas. El predicador de la iglesia más grande de los Estados Unidos de Norteamérica, la cual se encuentra libre de deudas, nos dijo: 'Nuestra gente está tan emocionada con los acontecimientos que nos pasan como resultado de estar libres de deudas que jamás pediremos prestado otra vez'. Descubrimos que hay un entusiasmo contagioso y mucha creatividad en los ministerios libres de deudas".[4]

Pasos al éxito financiero

2. Manténgase libre de deudas.

El experto financiero cristiano Larry Burkett afirma: "el 90% de todo programa de construcción de las congregaciones incluye endeudarse".[5] Hay una mejor forma de hacerlo. Hace algunos años nosotros decidimos que no tan sólo queríamos salir de deudas en la congregación, sino que queríamos mantenernos sin deudas. Eso quería decir que debíamos construir futuras instalaciones y comprometernos con proyectos sin endeudarnos a largo plazo. ¿Es posible que una iglesia haga esto? Sí. Hay una creciente cantidad de congregaciones que hacen todo en su ministerio sin pedir prestado un solo centavo.

Decidimos reducir nuestros gastos anuales de operación hasta alcanzar el nivel de nuestro presupuesto de hace seis años. Esto lo hicimos con el afán de apartar una buena cantidad de dinero de las ofrendas semanales para pagar nuestras deudas y para aventurarnos a proyectos futuros de expansión. (Fue así como salimos de deudas tan rápidamente). En todo el primer año empezamos con aproximadamente 7.000 dólares semanales. Al siguiente año, aumentamos la cantidad a 10.000 dólares por semana. En el año 2005 hemos llegado a apartar 35.000 dólares semanales únicamente para el proyecto de expansión. Estamos hablando de 1,8 millones de dólares al año que están siendo dedicados a una futura expansión y este dinero proviene de las ofrendas generales semanales. Me refiero al fondo general de ofrendas cada semana. No hablo de ofrendas especiales. Primero, todo lo que le pedimos a los miembros de la congregación es diezmar. Luego, pedimos que ofrenden de acuerdo a como Dios los dirija. Esta es la ofrenda general semanal.

[**Nota del editor:** Probablemente esta no es la situación de su iglesia. Sin embargo, ¿que querrá hacer Dios en su iglesia con todos dando en fé al Señor?]

Permítame compartir con usted qué hemos hecho nosotros. En el año 1995 nos pasamos a las instalaciones nuevas que nombramos Centro de Vida Familiar. Su costo de construcción fue de 1,2 millones de dólares. En ese momento sí nos

Paso 6: Fondos

aventuramos a pedir dinero en una campaña de levantamiento de fondos. La denominamos "Campaña de la Mayordomía del Capital". Todo lo hicimos abiertamente. Les pedimos a los miembros de la congregación que hicieran un compromiso extra por un período de tres años. Elaboramos e imprimimos folletos vistosos a cuatro colores. Hicimos un banquete de compromiso. Todo lo hicimos nosotros. Nos tomó siete años reunir los fondos necesarios para pagar la deuda que contrajimos, con sus respectivos intereses (dinero que le dimos a "alguien más"). ¡Siete años!

Decidimos que debía haber una mejor manera de lograr las cosas. Ajustamos nuestro presupuesto y ahorramos en nuestros gastos. Ahora nos tomará un año para pagar nuestra deuda y quedaremos libres. No estaremos endeudados por siete años, con todo lo que implica estar en deuda por siete años.

Pero no nos vamos a detener. Nuestra meta es llegar a apartar 100.000 dólares semanales del fondo general de ofrendas para nuestro proyecto futuro de expansión. Estamos hablando de 5,2 millones de dólares al año. ¡Piense en las posibilidades! ¿Qué haría usted con 5,2 millones de dólares extra al año? ¿Emprendería nuevos ministerios y nuevas misiones? Y, este dinero del que estoy hablando es dinero que nada tiene que ver con nuestros gastos de operación. ¿Suena imposible? ¡Claro que no! Nosotros ya lo estamos haciendo y vamos rumbo a cumplir con nuestras metas. También usted lo puede hacer. [Nota editorial: ¿Su realidad es otra? ¿Suena como un sueño norteamericano totalmente fuera de donde vive usted? Dios no pide que usted dé millones de dolares, menos que su situación es igual que ellos. Pero sí, él espera que usted dé generosamente según su realidad. También desea usar su iglesia para cosas grandes en el reino.] Simplemente toma determinación, disciplina y dedicación para mantenerse firme.

Dependiendo del tamaño de su congregación, tal vez se quiera empezar con 500 dólares a la semana. Este dinero se podría destinar a pagar las deudas o para una futura expansión. (Estamos hablando de 26.000 dólares al año). O si se pueden apartar 1.000 dólares a la semana, serían 52.000 dólares al año. Si se puede apartar 10.000 dólares a la semana, ¡eso representa más de medio millón de dólares al año! Empiece con lo que pueda, pero luche porque sea una cantidad significativa para que empiece a cosechar los beneficios en su ministerio. Cada año, aumente esta cantidad para que pronto salga de deudas. Una vez libre de deudas, invierta el dinero para que obtenga intereses. (Es cierto "ALGUIEN MÁS" le dará dinero a usted para agregarlo al dinero que tiene depositado. ¡Qué gran concepto!)

Todavía hay más buenas noticias. ¿Sabía usted que es bíblico realizar nuestro ministerio de esta forma? Escuche las palabras de Moisés en Deuteronomio 28:12: "El SEÑOR abrirá los cielos, su generoso tesoro, para derramar a su debido tiempo la lluvia sobre la tierra, y para bendecir todo el trabajo de tus manos. Tú les prestarás a muchas naciones, pero no tomarás prestado de nadie".

Un futuro seguro

¿Qué hay en el futuro para usted y para la iglesia del Señor Jesucristo? Al tiempo que los cristianos y las congregaciones empiezan a aplicar los principios sencillos para el éxito financiero, seguro estoy que estamos al borde de ver y presenciar los logros más fenomenales en la historia del cristianismo. Las posibilidades de ministerio y trabajo misionero están más allá de nuestra comprensión. Las cosas que jamás concebimos que pudiera lograr todo un movimiento en toda una vida ahora las están logrando congregaciones locales individuales. Ya estamos presenciando un movimiento vasto en el pueblo de Dios para salir de deudas de manera individual y congregacional. Esto está abriendo puertas que hasta hoy día habían sido simples sueños.

Existe otro movimiento en el cuerpo de Cristo que es uno de los desarrollos más sobresalientes jamás visto en el cristianismo. Es la creciente cantidad de donaciones filan-

Paso 6: Fondos

trópicas que se hacen a favor de las iglesias y ministerios en Estados Unidos de Norteamérica.

En el año 1998, Helen Gantz, a la edad de 91 años, murió y dejó un millón de dólares a su congregación en una parte rural de Indiana. En 1998, Elaine Gabbert, quien ya había perdido a su mamá y a su esposo, dio 1,1 millones de dólares a un orfanato ubicado al este de Dallas. En diciembre del año 1998, Joan Kroc, esposa del fundador de "McDonald´s", Ray Kroc, dio 80 millones de dólares al Ejército de Salvación. Fue el donativo más grande en los 133 años de existencia del Ejército de Salvación.

En febrero del año 1999, un anciano de 101 años, Christian Thomsen, dio 1,1 millones de dólares a una universidad bíblica y dejó una suma significativa a su congregación local a través de su testamento. En el año 2000 el presidente de "America On Line", Steve Case y su esposa Jean, dieron 8,35 millones de dólares a una iglesia presbiteriana y al Dr. D. James Kennedy como donativo para operar su escuela cristiana. El año pasado, Warren Bailey dejó 60 millones de dólares a su congregación local en St. Mary, Georgia.

Hay congregaciones en Norteamérica que tienen edificios completos que han sido construidos con donativos de algunas familias o individuos. Este es el caso de la Primera Iglesia Bautista en Dallas. La Iglesia Bautista de Prestonwood en Plano, Texas empezó a experimentar un crecimiento fenomenal hace algunos años cuando Mary Kay Ash (fundadora de "Cosméticos Mary Kay") le donó una fuerte cantidad de dinero para construir un nuevo edificio en un momento crucial de su historia.

En mayo del año 2001, el Dr. Tim LaHaye y su esposa Beverly donaron una cantidad sorprendente de 4,5 millones de dólares al Dr. Jerry Falwell y a la "Liberty University" en Lynchburg, Virginia. El Dr. LaHaye es un pastor, teólogo y escritor bien conocido. Otro donante quien pidió quedar en el anonimato donó otros 4,5 millones de dólares para alcanzar la suma de 9 millones de dólares.

Creo que en los días por venir tendremos más ejemplos

Pasos al éxito financiero

y seremos testigos de más donativos extraordinarios dados a las congregaciones y ministerios en todo el mundo. Dios nos ha dado los recursos para que siempre haya más de lo necesario para alcanzar al mundo con el evangelio. Simplemente tendremos que escuchar su voz y obedecer su palabra.

Hay gente en todo el mundo que se están dando cuenta que Dios los ha bendecido hasta el punto de haber amasado grandes fortunas no por el simple hecho de acumular grandes sumas de dinero y riquezas, sino para proveer fondos para la expansión de su reino en la tierra antes de que Jesús regrese. Permítame desafiarlo a que usted evalúe dónde se encuentra parado el día de hoy y considere aquello con lo que Dios lo ha bendecido y tal vez usted considere ser uno de esos cristianos filantrópicos que sea de bendición a la congregación o a un ministerio en el mundo. Lo reto a que usted primero ayude a su congregación local y luego pida consejo a su pastor para ayudar a algún ministerio.

Si con entusiasmo y dedicación aplicamos los principios sencillos en cuanto al éxito financiero en nuestras vidas y en la congregación, llegará el día cuando todos lo podamos lograr.

¡Simplemente recuerde los *Pasos al éxito financiero*!

... del archivo: Salga de las deudas
(Ideas simples que lo animarán a salir de sus deudas)

La prioridad de ahorrar

Muy por el contrario a lo que muchos cristianos se les ha hecho creer, ahorrar dinero es tanto bíblico como práctico. Salomón escribió en Proverbios 13:11 lo siguiente: "El dinero mal habido pronto se acaba; quien ahorra, poco a poco se enriquece".

Ahorrar es bíblico y práctico. La disciplina de ahorrar algo de cada sueldo que usted reciba le va a generar beneficios y bendiciones por los cuales va a estar agradecido el resto de su vida.

Resulta irónico que sean las distintas denominaciones religiosas las que logran hacer que sus miembros no ahorren. Les impiden ahorrar o simplemente les dicen que eso es algo para después. Así, este suceso se convierte en algo jamás logrado. Tal vez planeamos empezar algún día, decimos "hoy no".

Hace algunos años yo escuché el siguiente lema: "Si no es hoy, entonces ¿cuándo?" Si no es aquí, entonces ¿dónde? Si no es usted, entonces ¿quién?" Esas resultan ser muy buenas preguntas que uno se debe hacer cuando se trata de ahorrar.

- "Si no es ahora, ¿cuándo planea usted empezar a ahorrar?" (No hay un tiempo mejor que en este mismo instante).

Pasos al éxito financiero

- "Si no es aquí, en su trabajo actual y en el lugar donde se encuentra, ¿dónde empezará?"
- "Si no es usted, ¿quién lo va a hacer por usted?" (Respuesta: Nadie.)

A pesar de que tan sólo pueda ahorrar un poco cada semana, debe iniciar hoy mismo. Su meta final debe ser el plan 10-10-80 (es decir, 10% a Dios, 10% al ahorro y 80% para vivir).

De manera consistente, ahorrar de manera constante cada semana por un largo período de tiempo es la mejor e inteligente manera de dejar de trabajar por dinero y dejar que el dinero trabaje por usted. Pero no tome lo que yo digo, hágale caso a Salomón, quien dijo: "quien ahorra, poco a poco se enriquece".

Esto es un consejo sabio y bueno . . . para todos nosotros.

Planes de acción

A. Haga un compromiso consigo mismo, su familia y con Dios de que empezará a ahorrar. Empiece con su próximo pago que reciba.

B. Para motivarlo mientras ahorra, fíjese algunas metas. Sueñe un poco y decida en cuanto a cantidades a ahorrar; es decir, sus metas a corto, mediano y largo plazo.

C. Regocíjese en el Señor al ir cumpliendo estas metas que se ha establecido.

Notas finales

Capítulo uno

1. *Fort Worth Star Telegram*, 25 de diciembre del año 1999. Derechos reservados 1999, *Fort Worth Star Telegram*.
2. Folleto de Christian Financial Concepts (Conceptos financieros cristianos), 1999. Usado con permiso.
3. Larry Burkett, *La vida libre de deudas,* Chicago: Moody, 1989. p. 58.

Capítulo dos

1. Paul y Vera Young, enero, 2000. Usado con permiso.
2. Mark y Vera Strickland, enero, 2000. Usado con permiso.
3. C. Peter Wagner, *Churchquake (La iglesia estremecida*) (Ventura, CA: Regal Books, 1999), pp. 243-244.
4. Ibid.
5. Ibid.
6. Ibid.
7. Larry Burkettt, *La vida libre de deudas*, p. 57.
8. Mary Hunt, *Debt-Proof Living* (Vivir sin deudas) Nashville: Broadman & Holman, 1999, pp. 65-66.
9. Ibid., p. 11

Capítulo tres

1. John Hagee, de su grabación, "Twelve Principles of Prosperity" (Doce principios en cuanto a la prosperidad), John Hagee Ministries, 1999. Usado con permiso.

Pasos al éxito financiero

Capítulo cuatro

1. Artículo publicado en Fort Worth Star Telegram, 16 de enero del año 2000. Derechos reservados 2000, Fort Worth Star Telegram.
2. Larry Burkett, "Questions and Answers" (Preguntas y respuestas). Artículo publicado en la red de internet, Christian Financial Concepts, enero 18 del año 2000. Usado con permiso

Capítulo cinco

1. Larry Burkett, *Answers to Your Family's Financial Questions* (Respuestas a las preguntas financieras de su familia) (Pomona, CA: Focus on the Family, 1987), pp. 106-107.
2. Gary Moore, *Ten Golden Rules for Financial Success* (Las diez reglas de oro para el éxito financiero) (Grand Rapids: Zondervan, 1996), pp. 141-142.

Capítulo seis

1. Larry Burkett, *Christian Financial Concepts Newsletter* (Carta informativa Conceptos financieros cristianos), enero, 2001. Usado con permiso.
2. Dr. Homer G. Lindsay, ex pastor de la Primera Iglesia Bautista en Jacksonville, Florida. Usado con permiso.
3. Dave Ramsay, *How to Have More Than Enough* (Cómo tener más que lo suficiente) (New York: Penguin, 2000), p. 78.
4. Jeff Berg y Jim Burgess, *The Debt-Free Church* (La iglesia libre de deudas) (Chicago: Moody, 1996), pp. 15-16.
5. Ibid., p. 119.

Apéndice A

Presupuestos de muestra para salir de deudas

A continuación presento un presupuesto simple que consiste de cinco elementos que *cualquier persona* puede utilizar.

1. Un *repaso financiero* de tres cosas.
   (1) Deuda pendiente.
   (2) Ahorros actuales.
   (3) Recibos por pagar.

2. *Gastos anuales* y compromisos detallados.

3. Un presupuesto de *gastos semanales* que sirve para guiar los gastos.

4. Un presupuesto de *gastos mensuales* con compromisos detallados.

5. *Cuentas para la jubilación* poniendo al día el crecimiento de los fondos.

No utilice la palabra "presupuesto" si no quiere. Asígnele otro nombre, como archivo **"saliendo de las deudas"**. Es su plan para salir de deudas que lo mantendrá con la mirada fija en sus metas financieras. Simplemente insértele *sus* cifras y totales. Actualícelo semanalmente en su computadora o en sus hojas o cuaderno, según su sistema.

Pasos al éxito financiero

Cada semana imprima la primera hoja o ponga al día la página "Saliendo de deudas, repaso financiero". Si usted está casado, comparta esta información con su cónyuge para que los dos tengan la misma información de sus compromisos y del progreso logrado. Esto le va a servir como motivación constante para que usted salga de deudas tan pronto le sea posible.

Apéndice A: Presupuestos de muestra

Saliendo de deudas

Repaso financiero

A. Deuda pendiente al 27/diciembre/04

$22.470,72	Coche de Roberto (Chevrolet)
18.999,60	Coche de Carla (Dodge)
3.815,00	Tarjeta de crédito Mastercard
2.756,16	Sears
1.670,50	Tarjeta de crédito Visa
$49.711,98	**Total de deuda pendiente**

B. Ahorros al 27/diciembre/04

$ 1.500,00   Fondo de emergencias, cuenta # 79832-293 Bancomer

C. Pagos importantes por hacer al 27/12/04

$ 557,00	Pago de renta/hipoteca (5/enero/05)
468,14	Pago del coche de Roberto (15/enero/05)
316,60	Pago del coche de Carla (20/enero/05)
229,68	Pago de Sears (22/enero/05)
151,33	Seguro de automóvil (25/enero/05)
$1.722,75	**Total**

Pasos al éxito financiero

Nota del editor: Las figuras (números) y categorías quizás sean muy diferentes a las suyas. Las cantidades serán en la moneda de su país. Otro ejemplo de una página de "Saliendo de deudas, repaso financiero", podría ser:

Saliendo de deudas
Repaso financiero

A. Deuda pendiente al _____ (día de hoy)

$_____   Horno de cocina
 _____   Tarjeta de crédito
 _____   Muebles para la sala de estar
 _____   Bicicletas para los niños-Navidad
 _____   Tarjeta Grandes Almacenes

$_____   **Total de deuda pendiente**

B. Ahorros al _____ (día de hoy)

 _____   Cuenta de ahorros para una emergencia

C. Pagos mensuales (semanales) importantes por hacer al _____ (día de hoy)

$_____   Pago de arriendo/hipoteca
 _____   Pago del horno de cocina
 _____   Pago de la tarjeta de crédito
 _____   Pago de los muebles de la sala de estar
 _____   Pago de las bicicletas, niños-Navidad
 _____   Pago tarjeta de credito grandes almacenes

$_____   **Total**

Apéndice A: Presupuestos de muestra

Saliendo de deudas

Gastos anuales

Ingreso anual: $66.719,64 (1.283,07 total bruto por semana)
Ingreso disponible aproximado: $55.780,00
(1.072 neto por semana)
Meta de ahorros: $1.040,00 ($20 por semana)

Gastos anuales:

$	6.672,00	Diezmos
	1.040,00	Ahorros
	6.684,00	Renta/pago de la casa
$	1.260,00	Electricidad
	1.800,00	Gas
	600,00	Agua
	420,00	Cablevisión
	248,50	Internet
	780,00	Teléfono
	600,00	Teléfono celular
	300,00	Llamadas de larga distancia
$	6.500,00	Abarrotes
	520,00	Lavandería
$	200,00	Seguro de la vivienda
	1.825,96	Seguro del coche
	120,00	Seguro para el "jet ski"
	1.500,00	Seguro médico

Pasos al éxito financiero

$5.617,68	Coche de Roberto
3.799,92	Coche de Carla
600,00	Mantenimiento automotriz
2.756,16	Pago del "jet ski"
2.400,00	Tarjeta de crédito Mastercard
1.200,00	Tarjeta de crédito Visa
$520,00	Dinero para las niñas (cada domingo)
2.080,00	Dinero para Carla (cada domingo)
2.080,00	Dinero para Roberto (cada domingo)
600,00	Otros, entretenciones
600.00	Dinero para compra de ropa
800,00	Fondo para el retiro
1.000,00	Otro fondo para el retiro
$55.124,22	(Total dividido entre 52 = 1.060,08 por semana)

Nota del editor: Las figuras (números) y categorías quizás sean algo diferentes a las suyas. Las cantidades serán en la moneda de su país. Entonces ahora haga una hoja con sus ingresos y gastos anuales para poder calcular su ingreso semanal y lo que va a tener para los gastos semanales.

Apéndice A: Presupuestos de muestra

Saliendo de deudas

Gastos semanales

A. Ingreso semanal: $1,283.07

$ 173,07	Manutención de hijos y pagos de sustento
700,00	Salario de Roberto
410,00	Salario de Carla
$1.283,07	**Total**

B. Gastos semanales fijos:

$ 128,30	Diezmo
20,00	Ahorro
40,00	Dinero para Roberto (paga semanal)
40,00	Dinero para Carla (paga semanal)
125,00	Abarrotes
10,00	Dinero para las niñas (paga semanal)
10,00	Lavandería
$ 373,30	**Total**

C. Sobrante para otros gastos y compromisos semanales:

$ 909,77 Total bruto
$ 699,39 Neto

Pasos al éxito financiero

Saliendo de deudas

Gastos mensuales
al 27/diciembre/04

A. Presupuesto de gastos mensuales:

$55.124,22 dividido entre 12 = $4.593,68
(Refiérase a "gastos anuales" mencionado con anterioridad)

B. Pagos mensuales de tarjetas de crédito/préstamos:

$ 229,68	Pagos diversos
200,00	Mastercard
100,00	Visa
$ 529,68	

C. Total del ingreso neto mensual: **$4.644,74**

Total del gasto mensual fijo:	4.590,14
Diferencia	$ 54,60

Apéndice A: Presupuestos de muestra

Saliendo de deudas

Fondos para la jubilación
al 27/diciembre/04

Bancomer	$31.150,88
	Cuenta # 290342-392
	Cuenta # 290342-393
Otro banco	$28.140,34
	Cuenta # 189204

Total para la jubilación $59.291,22

Nota del editor: Las muestras para el manejo de las deudas y sus finanzas que aparecen en las páginas previas son para dar la idea de cómo formar su propio presupuesto. Las cantidades y categorías tendría que adaptar a la situación y realidad suya.

Apéndice B

Artículos escritos por Barry L. Cameron

Atrapado

Por tres días, en la costa de la deshabitada península rusa llamada Kamchatka, siete marinos luchaban por vivir apretujados dentro de un mini-submarino ruso AS-28. Este artefacto, ya casi sin oxígeno, estaba atrapado en el fondo del Océano Pacífico a unos 200 metros de profundidad.

El mini-submarino se había enredado con redes de pesca y un cable que es parte del sistema de monitoreo ruso. Todos los miembros de la tripulación se apretujaron en un compartimiento del mini-submarino de 14,5 metros de largo. Todos se quedaron inmóviles para ahorrar el tan valioso oxígeno. Las bajas temperaturas y los tóxicos que se formaron dentro del mini submarino los adormeció y así pudieron conservar energías y oxígeno.

Algo similar sucedió hace cinco años en un submarino ruso. Fue en agosto del año 2000 con el submarino conocido como Kursk. Sufrió un percance en el mar Barents y los 118 tripulantes murieron. Irónicamente, es posible que esos hombres se hubieran podido salvar. Sin embargo, todos los líderes rusos no quisieron aceptar ayuda que se les ofreció porque temieron comprometerse a revelar sus secretos militares y pudo haber una percepción generalizada de una debilidad nacional. La ayuda internacional ofreció acudir al rescate en muchas ocasiones, pero todo fue rechazado hasta que se agotaron las esperanzas. Así terminaron estas 118 vidas.

Sin embargo, en el caso del mini-submarino, los rusos pidieron ayuda inmediatamente. Los británicos y los estadounidenses acudieron de inmediato, llevando consigo el equipo necesario. Se hizo todo lo humanamente posible para

Pasos al éxito financiero

rescatar a los siete tripulantes atrapados en el fondo del océano. Al parecer, los rusos no cuentan con equipo tan sofisticado y moderno para las maniobras de rescate pertinentes.

Un submarino británico manejado a control remoto cortó el cable y las redes que tenían atrapado al mini submarino ruso, permitiendo que saliera a la superficie. Todos los siete miembros de la tripulación salieron gateando por la escotilla el domingo 7 de agosto, sumamente débiles pero contentos de estar nuevamente en la superficie. Los rescatistas afirmaron que a los tripulantes les quedaba alrededor de unas seis horas de oxígeno disponible al momento en que el mini-submarino emergió a la superficie.

Dos submarinos rusos. Dos resultados diferentes: uno trágico y el otro de triunfo. ¿Por qué? Esta vez el gobierno ruso no tuvo miedo en pedir y aceptar ayuda.

¿Está usted atrapado porque tiene miedo de pedir ayuda? ¿Está usted como el alumno en el salón de clases que tiene miedo de levantar la mano y hacer la pregunta que todos tienen y esperan su respuesta pero no la hace porque tiene miedo a lo que todos dirán o pensarán de él? Si usted no solicita ayuda, no la tendrá. Lo que es peor, los resultados pueden ser trágicos.

La Biblia claramente señala: "Si a alguno de ustedes le falta sabiduría, pídasela a Dios, y él se la dará, pues Dios da a todos generosamente sin menospreciar a nadie" (Santiago 1:5). Jesús dijo: "Pidan, y se les dará; busquen, y encontrarán; llamen, y se les abrirá. Porque todo el que pide, recibe; el que busca, encuentra; y al que llama, se le abre".

Billy Graham dijo: "El cielo está saturado de respuestas a peticiones que nadie se atrevió a hacer".

¿Sabe usted qué es peor que estar atrapado en el fondo del océano dentro de un submarino frío, oscuro y aterrador pensando en que está a punto de morir?

Tener miedo a acudir a Dios y pedirle su ayuda.

Apéndice B: Artículos breves

¡Espere un segundo!

El domingo 17 de diciembre del año 2000 fue uno de los días más sangrientos en la historia reciente de Italia. La mafia no tuvo nada que ver. Sucedió en los Alpes italianos cuando una ola de frío cubrió las faldas de las montañas y se les formó una capa de hielo que fue fatal para un grupo de alpinistas. Uno tras otro, un alpinista italiano, su perro y tres más que trataron de rescatarlos sucumbieron después de caer de una altura aproximada a 530 metros.

Todo inició con Luigi Lazzaretti, quien había estado escalando junto con sus dos perras, Sasha y Zara en las cuestas cubiertas de hielo. Sasha resbaló primero. Instintivamente, Luigi intentó agarrarla. Perdió el equilibrio y resbaló cuesta abajo llevando a Zara con él.

Dentro de pocos minutos, dijo un testigo ocular, todo lo que se oía eran voces gritándole a Luigi y pidiendo que alguien lo rescatara. Pronto, un hombre con experiencia en montañismo acudió a auxiliarlo. Desgraciadamente, mientras intentaba ayudar, también cayó y murió. Otro más quiso ayudar, y otro. Desdichadamente, todos murieron en el intento.

"Se formó una cadena de muertos", narró Danilo Barbiscotti, quien también se esforzó en ayudar, pero todo fue inútil. La montaña Arera tiene 2,640 metros de altura. Cuando finalmente llegaron los rescatistas alpinos expertos, lo que encontraron fue un montón de cuerpos inertes. Irónicamente, Sasha, la perra que fue la primera en caer, seguía con vida.

¿Entiende usted lo que muchas veces pasa? Cuatro hombres perdieron la vida innecesariamente y todo porque sintieron que se debían apresurar a ayudar o que necesitaban hacer algo. La realidad pura y fría es que lo único que tenían que hacer era esperar. Uno de los rescatistas recalcó: "Al tiempo que intentábamos recuperar al primer alpinista, vimos cómo caían los demás".

Pasos al éxito financiero

Honestamente, ninguno de nosotros se siente a gusto esperando. Nadie quiere esperar en una fila. No nos gusta esperar a que nos traigan y sirvan la comida. No nos gusta esperar en el banco. No nos gusta esperar en ninguna parte por algo. Punto. Tampoco nos gusta esperar a lo que Dios tiene para nosotros.

Así que ponga mucha atención. Antes de que usted salga a las colinas y faldas resbalosas de las montañas que ciertamente lo llevarán a un final lleno de calamidades: mejor espérese un segundo. No tiene nada que perder al controlar sus impulsos impetuosos. Especialmente cuando se trata de Dios. Dios es el único que hace todo en el momento preciso y siempre tiene lo mejor para usted. Todo lo que usted tiene que hacer es esperar.

"Pero los que esperan a Jehová tendrán nuevas fuerzas; levantarán alas como las águilas; correrán, y no se cansarán; caminarán, y no se fatigarán" (Isaías 40:31 Reina-Valera '60).

Apéndice B: Artículos breves

Cuidado con los contrabandistas de elefantes

Los oficiales de México siguen pistas para determinar cómo lo hicieron. De alguna manera alguien pudo meter de contrabando a "Benny" por la frontera de Matamoros. Es común que esto no salga en las noticias. Después de todo, diariamente pasa algo de contrabando entre los Estados Unidos de Norteamérica y México. Lo que enfureció al gobierno mexicano es que "Benny" es un elefante grande ya y no pudo haber pasado inadvertido. "Benny" tiene nueve años de edad, procede de la India, pesa tres toneladas y mide más de tres metros de alto. Se dice que "Benny" cruzó la zona fronteriza llegando a Matamoros metido dentro de una caja colocada en la plataforma de un camión de plataforma plana.

Guillermo Vázquez, socio del circo donde "Benny" ha estado presentándose en México, dijo haber comprado el elefante en Houston por la cantidad de 40.000 dólares y buscó todos los medios para introducirlo a México legalmente. Quedó frustrado con toda la burocracia, el papeleo, los retrasos y decidió contratar a un "coyote" para llevarse su elefante a México.

"Es un elefante espectacular", le declaró el Sr. Vázquez al periódico *Washington Post*. "Sé que cometí un error pero la gente quiere ver elefantes en el circo. Usted entiende".

Todo esto suena muy atrevido y raro. Difícilmente se puede uno imaginar a alguien contrabandeando con elefantes. Nuestro raciocinio y forma de pensar casi no lo puede aceptar. ¿No está usted de acuerdo? Pero pensándolo bien, después de todo, no es tan descabellado. Nada más considere las excusas que usted usa cuando intentamos contrabandear algo a nuestras vidas sin que Dios se dé cuenta.

La mayoría de nosotros no contratamos "coyotes" que nos ayuden porque ya somos expertos y profesionales en el asunto. Hemos tenido muchos años de práctica. Simplemente cedemos un poco por aquí y por allá, un poco de indulgencia por este otro lado, un poco de pecado bien envuelto para que podamos cruzar la frontera a plena luz del día sin ser visto y nadie lo sabrá, especialmente Dios.

Pero la pura verdad se encuentra en Números 32:23, que dice: "Y pueden estar seguros de que no escaparán de su pecado". Alguien dará el pitazo. Alguien lo verá. Alguien se dará cuenta. Habrá forma. En algún lugar. Usted quedará atrapado. Cuente con ello.

Escondemos mucho detrás de los trajes caros, vestidos de diseño y de las sonrisas que desarman a muchos con quienes nos encontramos. Con todo esto, intentamos dar una falsa impresión de que todo está bien cuando en realidad tenemos un pecado del tamaño de un elefante y lo estamos tratando de contrabandear a través de nuestros amigos, familia y miembros de la iglesia.

Tome algo de consejo increíblemente bueno: Declare hoy lo que trae en su vida. Confiese su pecado. Arrepiéntase de su pecado, renuncie a él y reciba el perdón por su pecado. Porque si no lo hace, hay un "agente de aduanas" frente a usted quien lo va a revelar todo y entonces estará en verdaderos problemas.

"Ninguna cosa creada escapa a la vista de Dios. Todo está al descubierto, expuesto a los ojos de aquel a quien hemos de rendir cuentas" (Hebreos 4:13).

Apéndice B: Artículos breves

¿Qué chiste tiene?

Hay un escándalo efervescente en Noruega por el casamiento el 25 de agosto del año 2001 del Príncipe a la Corona Haakon y su ahora esposa Mette-Marit Tjessem Hoiby. No, no es el nombre de ella lo que tiene a tantos noruegos metidos en un enfado y enojo real. Tampoco es el hecho de que ella fuera madre soltera con un niño de cuatro años. Más de la mitad de los primogénitos del país han sido hijos de madres solteras.

Tampoco es el hecho de que ella fuera una mesera o que se la haya reportado involcrada con las drogas. El papá de su hijo está en la cárcel purgando una condena por habérsele encontrado con posesión de cocaína. A ella misma se la había visto en fiestas donde ilícitamente se distribuía estupefacientes. Tampoco es el hecho de que el príncipe a la corona Haakon y su novia habían estado viviendo juntos por seis meses ya antes de la boda. Cohabitar juntos sin estar casados es aceptado en Noruega.

Entonces, ¿a qué se debe este escándalo? Simplemente a lo siguiente. Una creciente cantidad de noruegos se preguntan a gritos: "Si la familia real es como cualquier otra, ¿quién los necesita? El politólogo Bernt Aardal dijo: "Ser parte de la familia real no es como ser parte de las demás familias. No se puede estar sobre la gente y ser uno del pueblo a la misma vez".

El escándalo se ha acentuado aún más, gracias a la hermana del príncipe, Martha, quien fue fotografiada junto con Ari Behn, un escritor joven envuelto en actividades cuestionables. A ambos se les transmitió por la televisión noruega en compañía de prostitutas. Algunas de las cuales se las miró inhalando cocaína. Behn insistió en que él simplemente estaba reportando el estilo de vida, tipo Las Vegas, que estas personas llevan. Que él no necesariamente estaba de acuerdo o que participaba de este estilo de vida. A pesar de ello, la reacción fue una completa reprobación.

Pasos al éxito financiero

"Esto empeora más cada día", declaró el Ministro de Municipalidades, Einar Gelius, al periódico de mayor circulación en Noruega, el *Verdens Gang*. "Primero fueron las fiestas sin restricción alguna de Mette-Marit Tjessem Hiby y ahora es Ari Behn metiéndose con mujeres y drogas. La monarquía está cavando su propia tumba".

Hay otra familia real que en este momento está poniendo en peligro su reputación no tan sólo con el pueblo noruego sino con la gente en todo el mundo. Este escándalo es peor y tendrá ramificaciones mayores que la del príncipe a la corona y su esposa. Ellos ni siquiera se pueden imaginar el alcance de esta familia real. Me refiero a la iglesia.

Refiriéndose a la iglesia, la Biblia señala: "Pero ustedes son linaje escogido, real sacerdocio, nación santa, pueblo que pertenece a Dios, para que proclamen las obras maravillosas de aquel que los llamó de las tinieblas a su luz admirable" (1 Pedro 2:9). Debemos ser un pueblo peculiar. Sin embargo, tristemente, en la mayoría de los casos, lo único peculiar que tenemos es que somos igual que los demás, los del mundo.

Pedro enfatizó: "Queridos hermanos, les ruego como a extranjeros y peregrinos en este mundo, que se aparten de los deseos pecaminosos que combaten contra la vida. Mantengan entre los incrédulos una conducta tan ejemplar que, aunque los acusen de hacer el mal, ellos observen las buenas obras de ustedes y glorifiquen a Dios en el día de la salvación" (1 Pedro 2:11-12).

Si no lo hacemos, el mundo nos mirará y dirá: "¿Qué chiste tiene? ¿Quién los necesita?"

Apéndice B: Artículos breves

¿Se ha convertido la iglesia contemporánea en una organización sin profeta?

Yo me encontraba en Los Angeles cuando escuché la noticia que jamás olvidaré. Era jueves por la noche, 29 de marzo del año 2001. Un jet contratado para un viaje especial se había estrellado en un cerrito pocos metros antes de tocar la pista de aterrizaje en Aspen, Colorado. Evidentemente el jet Gulfstream III con doble turbina llegó a su destino alrededor de las 7:00 p.m. El aeropuerto de Aspen se encuentra ubicado a unos 2,600 metros sobre el nivel del mar en las "Rocky Mountains" (Montañas Rocosas) de Colorado.

El viaje especial fue contratado para transportar a 15 personas. Iban con ellos tres miembros de la tripulación. Ya habían intentado aterrizar en una ocasión pero la tormenta de nieve se los había impedido. El jet accidentado había sido un segundo aparato, de tres, en fallar. Éste iba en segundo lugar en el patrón de acercamiento. De acuerdo con el periódico *Los Angeles Times* "otros dos jets en viajes especiales también habían fallado en aterrizar en su primer intento. Uno iba delante y otro detrás del jet accidentado. Sin embargo, los otros dos jets no lo intentaron una segunda vez, sino que levantaron el vuelo hacia otro aeropuerto menos peligroso y porque la noche avanzaba".

Se reportó que poquito después de las 7:00 p.m., el piloto preguntó a la torre de control si las luces de la pista estaban encendidas. La torre de control respondió afirmativamente y solicitó confirmación de si estaban a la vista del piloto. Seis segundos después el piloto respondió afirmativamente. Esa fue su última transmisión. Momentos más tarde el jet se estrelló contra un cerrito.

Lo que hace de este incidente algo más trágico es que apenas dos días antes la Administración Federal de Aviación había emitido un comunicado advirtiendo que ya no se

Pasos al éxito financiero

permitía hacer aterrizajes nocturnos mediante el uso de instrumentos en el aeropuerto de Aspen. Al parecer, ese comunicado jamás les llegó.

Este vuelo había salido de Burbank con una escala corta en Los Angeles. De acuerdo con Carol Carmody, la presidenta de la Oficina Nacional de Seguridad del Transporte, en esa corta escala el piloto recibió la advertencia pero no estaba escrita con claridad y es posible que el piloto no lo haya entendido.

En consecuencia, las 18 personas murieron. Esto pudo haberse evitado. Todo porque no recibieron la advertencia que les pudo haber salvado la vida.

Al contemplar la escena cristiana contemporánea, uno se pregunta si no ha de haber una tragedia mayor iminente en el horizonte lejano. En esta ocasión la preocupación no es con los pilotos, sino con los púlpitos donde las advertencias no se hacen propiamente y que podrían salvar vidas. Ya casi no escuchamos advertencias desde los púlpitos.

El apóstol Pablo, quien dijo, "Así que estén alerta. Recuerden que día y noche, durante tres años, no he dejado de amonestar con lágrimas a cada uno en particular" (Hechos 20:31); estaría terrible y torpemente fuera de lugar en muchas congregaciones contemporáneas donde sólo cortijan a los no creyentes y nunca adviertan a los pecadores.

Juan el Bautista, cuya forma poca usual de vestir encajaría perfectamente en la gran mayoría de las congregaciones contemporáneas, sería echado fuera por sus denuncias convincentes en cuanto al pecado. El hecho de usar tales términos tan fuertes como "generación de víboras" y predicar el arrepentimiento no resultarían en muchas invitaciones para predicar. De hecho, fue la predicación de Juan, especialmente su posición tan tajante en cuanto al pecado de los líderes políticos de su tiempo, que lo llevó a su ejecución.

Tales sermones como el de Jonathan Edwards titulado "Pecadores en las manos de un Dios airado" o el de R. G. Lee titulado "El día del pago llegará algún día" no atraen multitudes a los atrios de las congregaciones pero sí condujeron a muchos a los pies de Jesús. Y esas vidas fueron salvas por esas

Apéndice B: Artículos breves

predicaciones.

El aliento de Pablo a Timoteo, su hijo más joven en la fe, fue: "En presencia de Dios y de Cristo Jesús, que ha de venir en su reino y que juzgará a los vivos y a los muertos, te doy este solemne encargo: Predica la Palabra; persiste en hacerlo, sea o no sea oportuno; corrige, reprende y anima con mucha paciencia, sin dejar de enseñar. Porque llegará el tiempo en que no van a tolerar la sana doctrina" (2 Timoteo 4:1-3a).

Es extraño e innecesario, pero con mucha frecuencia nos encontraremos causando más daño que bien. En ese jet de doble turbina Gulfstream III, la gente tuvo un viaje placentero, hermoso, disfrutando de los servicios de primera clase y la promesa de un seguro aterrizaje, para simplemente enfrentar un destino irreversible y sin cambios por siempre porque no recibieron las advertencias que más necesitaban.

¿No deberíamos hacer todo lo posible para evitar otra tragedia totalmente innecesaria y sin sentido? ¡Claro que sí! Pero ¿cómo? Es muy simple: ¡Predica la Palabra! (2 Timoteo 4:1-5). ¡No retenga o dude en proclamar todo el designio (propósito) de Dios! (Hechos 20:27). Y, finalmente, sea un "vigía o centinela" y haga resonar las advertencias y amonestaciones que Dios ha dejado estipuladas en su Palabra (Ezequiel 33:1-9).

Si no lo hacemos . . . su sangre será demandada de *nuestras* manos.

Pasos al éxito financiero

Lectura Recomendada

Burkett, Larry, *Cómo manejar su dinero*, Kregel Publications, 1999.

Burkett, Larry, *La familia y sus finanzas*, Kregel Publications, 1990.

Burkett, Larry, *Los negocios y la Biblia*, Grupo Nelson, 1996.

Burkett, Larry, *Vida libre de deudas*, Editorial Unilit, 1996.

MacArthur, John, *¿A quién pertenence el dinero?*, Kregel Publications, 2005.

Ramsey, Dave, *La total transformación del dinero*, Grupo Nelson, 2003.